माँ

किशोरों के लिए विश्व की कालजयी कृतियों
के सरल संक्षिप्त संस्करण

मैक्सिम गोर्की

रूपान्तर

भैरवप्रसाद गुप्त

राधाकृष्ण प्रकाशन

सवार और सवार

जिस जानवर की पीठ पर सवार होकर वह आया, वह जानवर घोड़ा था। वह सवार आदमी था। ज़ाहिर था कि घोड़े और गधे में फ़र्क़ होता है, और उन दोनों में से कोई भी गधा नहीं था। यद्यपि घोड़े और गधे एक ही काम के लिए इस्तेमाल किए जा सकते हैं–जैसे लादने के लिए, चाहे आदमी लादने के लिए, चाहे वह सब लादने के लिए जो आदमी लादना चाहे...फिर भी घोड़ा घोड़ा ही रहेगा, गधा गधा ही, मगर सवार और सवार में फ़र्क़ हो सकता है।

जो कपड़े मैं पहने था उनकी तरफ़ उसका ध्यान

ISBN : 978-81-8361-363-7

माँ

पहला संस्करण : 1971
सातवाँ संस्करण : 2026

मूल्य : ₹350

प्रकाशक

राधाकृष्ण प्रकाशन प्राइवेट लिमिटेड
जी-17, जगतपुरी, दिल्ली-110 051
शाखाएँ : अशोक राजपथ, साइंस कॉलेज के सामने, पटना-800 006
पहली मंज़िल, दरबारी बिल्डिंग, महात्मा गांधी मार्ग, प्रयागराज-211 001
1, अनमोल सोराबजी सन्तुक लेन, धोबी तलाव, मरीन लाइंस, मुम्बई-400 002
वेबसाइट : www.radhakrishnaprakashan.com
ई-मेल : info@radhakrishnaprakashan.com

मुद्रक

बी.के. ऑफसेट
नवीन शाहदरा, दिल्ली-110 032

MAAN
by Maxim Gorki
Translated and Edited by Bhairav Prasad Gupta

चढ़ती उम्र के पाठकों के लिए उपन्यास

उपन्यासों के प्रति चढ़ती उम्र के पाठकों में विशेष रुझान होता है। कारण की खोज करने पर पता चलता है कि उपन्यास मनोरंजन के साथ-साथ लड़के-लड़कियों द्वारा इसलिए भी पढ़े जाते हैं कि वे जीवन के प्रसंगों में उन कथाओं से कुछ सीख सकें। उपन्यासों के प्रति रुचि स्वाभाविक भी है, क्योंकि वह सामाजिक जीवन का दर्पण भी होता है। लेकिन उपन्यास के नाम पर जो सस्ते, जासूसी और घटनात्मक उपन्यास बाजार में बिकते हैं वे न दिशा देते हैं, न उससे समाज के बारे में कोई ज्ञान ही मिलता है, न वह मनोरंजन स्वस्थ ही कहा जा सकता है। उल्टे उन उपन्यासों का बुरा असर होता है। इसी आधार पर यह योजना बनाई गई कि इस चढ़ती उम्र के पाठक को उपन्यास पढ़ने से रोकने की बजाय विश्व-साहित्य के वे क्लासिक उपन्यास संक्षिप्त रूप में और साधारण मूल्य में पढ़ने को दिए जाएँ, जो उसे दिशा भी दें और साथ ही उसका ऐसा मनोरंजन करें जिससे वह देश, काल और समाज के बारे में ज्ञान भी पाता चले। हमने अपनी इस योजना में रूसी, फ्रांसीसी, अंग्रेजी, जर्मन, जापानी, संस्कृत और सभी महत्त्वपूर्ण सम्पन्न भाषाओं से सुप्रसिद्ध उपन्यास चुने हैं और हमारी कोशिश है कि सभी श्रेष्ठ उपन्यास इस माला से उपलब्ध हो सकें। प्रस्तुत उपन्यास इसी प्रयास की एक कड़ी है। आशा है, यह संस्करण विद्यार्थियों और अन्य कम उम्र के पाठकों के लिए उपयोगी सिद्ध होगा।

—प्रकाशक

माँ

1

अपने पिता की मृत्यु के दो हफ़्ते बाद, एक रविवार को, पावेल व्लास्सोव नशे में धुत्त घर लौटा। लड़खड़ाते पाँवों से घिसटते हुए वह मेज़ के एक ओर कुर्सी पर, मेज़ पर घूँसा मारते हुए, बैठ गया और अपने बाप की ही तरह चिल्लाया :

"माँ, खाना दो !"

माँ उसके पास आ उसके सिर को अपने सीने से लगाने लगी, तो उसने उसके हाथों को झटक दिया और लड़खड़ाती जबान से कहा, "बप्पा की पाइप कहाँ है ? लाओ, मैं तम्बाकू पीऊँगा !"

"बेवकूफ़ लड़का !" दुखी माँ ने स्नेह से कहा और उसके सिर के उलझे बालों में अपनी उँगलियाँ फेरने लगी।

यह पहली बार पावेल ने वोद्का पी थी। इससे उसके शरीर में कुछ कमज़ोरी आ गई थी, लेकिन होश-हवाश दुरुस्त था। वह अपनी माँ के स्नेह से अपने को अजीब स्थिति में पा रहा था। माँ की आँखों की पीड़ा देखकर उसका मन रोने-रोने को हो आया।

"तुम्हें ऐसा नहीं करना चाहिए था," माँ ने धीमे से कहा।

पावेल का जी मिचलाने लगा और उसे उबकाई आ गई।

माँ ने उसे ले जाकर बिस्तर पर लिटा दिया और उसके माथे पर भीगा तौलिया डाल दिया।

पावेल अपने मुँह में एक कसैला स्वाद महसूस कर रहा था और अधखुली आँखों से माँ का उतरा हुआ चेहरा देख रहा था।

"तुम शराब पीने लगोगे तो तुम्हारी माँ का गुज़ारा कैसे होगा ?"

"हर आदमी तो पीता है," पावेल ने ज़ोर से आँखें बन्द करते हुए कहा।

माँ ने एक ठंडी साँस ली। लड़का ग़लत नहीं कह रहा था। हौली ही तो एक ऐसी जगह थी जहाँ जाकर लोग थोड़ी खुशी हासिल कर लेते थे। फिर भी उसने कहा :

"लेकिन तुम तो मत पियो, बेटा !...तुम्हारे बाप ने जितनी पी, वह तुम दोनों के लिए काफ़ी से ज़्यादा थी। उसके हाथों क्या मैं कम सताई गई हूँ ? तुम तो अपनी माँ पर रहम करो, बेटा !"

माँ के इन दुखपूर्ण शब्दों को सुनकर पावेल को याद आ गया। पिता के जीवन-काल में माँ कितनी चुप और हमेशा मार खाने के डर से भयभीत रहती थी। वह माँ की ओर घूर-घूरकर देखने लगा।

वह एक लम्बी औरत थी। उसकी कमर थोड़ी झुकी हुई थी। कड़ी मेहनत और पति की पिटाई से उसका शरीर टूट-सा गया था। उसके

चौड़े अंडाकार चेहरे पर झुर्रियाँ पड़ गई थीं। उसकी काली-काली आँखों में भय और पीड़ा की छाया थी। उसकी दाहिनी भौंह के ऊपर कटे का एक गहरा निशान था। उसके गहरे काले रंग के बालों में कहीं-कहीं सफ़ेद बाल दिखाई दे रहे थे। वह नर्मी, उदासी और दयनीयता की प्रतिमूर्ति थी।

उसकी आँखों से चुपचाप आँसू बहने लगे।

"न रोओ, माँ," पावेल ने धीरे से कहा, "मुझे कुछ पीने को दो।"

"मैं बरफ़ का पानी लाती हूँ।"

लेकिन जब पानी लेकर वह लौटी, तो वह सो गया था। उसने चिराग़ मेज़ पर रख दिया और घुटनों के बल बैठकर प्रार्थना करने लगी।

बस्ती के और घरों और व्लास्सोव के घर में अब बड़ा अन्तर आ गया था। व्लास्सोव के छोटे घर में, बस्ती के और घरों की तरह हो-हल्ला न होकर, अब शान्ति रहती थी। इस घर के एक-तिहाई हिस्से में रसोई थी, जिसके एक हिस्से को माँ के सोने के लिए अलग कर दिया गया था। बाक़ी दो-तिहाई हिस्से में एक चौकोर कमरा था, जिसमें दो खिड़कियाँ थीं। इसके एक कोने में पावेल का बिस्तर लगा था और दूसरे कोने में एक मेज़ और दो बेंचें पड़ी थीं। शेष सामानों में वहाँ कुछ कुर्सियाँ, एक छोटे आईने वाली शृंगार-मेज़, कपड़ों के लिए एक ट्रंक, एक दीवार-घड़ी और एक कोने में दो मूर्तियाँ पड़ी थीं।

एक तरुण से जो आशा की जा सकती थी, पावेल ने वह सब किया। उसने एक अरगन बाजा, एक कलफ़दार कमीज़, एक चमकीली नेकटाई, एक बरसाती कोट, एक छड़ी खरीदी और अपनी आयु के तरुणों की ही तरह रहने-सहने लगा। वह शाम को पार्टियों में जाता । उसने कई तरह के नाच सीख लिए। रविवार की रात को वह ख़ूब पीकर आता। लेकिन वोद्का को वह झेल न पाता। सोमवार की सुबह वह उठता तो उसके सिर में दर्द, पेट में जलन हो जाती, उसका चेहरा पीला और दयनीय हो जाता।

एक बार उसकी माँ ने पूछा, "कहो, रात अच्छी कटी न ?"

"उँह ! बहुत बुरी !" उसने चिढ़कर जवाब दिया, "इससे तो अच्छा

हो कि मैं मछलियों का शिकार करने जाऊँ, या एक बन्दूक खरीद लूँ और शिकार खेलने जाऊँ।"

वह बड़ी मेहनत से कारखाने में काम करता था। एक दिन भी नाग़ा न करता था। वह किसी से भी अधिक बातें न करता था। माँ की ही तरह उसकी भी बड़ी-बड़ी, नीली-नीली आँखों में असन्तोष झलकता रहता था। उसने न तो बन्दूक खरीदी और न वह मछली मारने ही गया। लेकिन थोड़े ही दिनों में यह देखा गया कि वह उस रास्ते से अलग हट रहा था, जिस पर बाक़ी लोग चल रहे थे। अब वह पार्टियों में बहुत कम जाता। रविवार को वह ग़ायब हो जाता था, लेकिन रात को घर लौटता तो पिए हुए न होता। माँ देख रही थी कि उसके बेटे के फूले-फूले गाल पिचकते जा रहे थे, उसकी आँखों में गम्भीरता छाती जा रही थी और उसके होंठ भिंचे-भिंचे रहने लगे थे। ऐसा लगता कि या तो किसी कारण वह दुखी है या उसे कोई रोग लग गया है। पहले उसके बहुत-सारे दोस्त उससे मिलने आते थे, लेकिन अब कोई न आता। लड़का कारख़ाने के और तरुण मज़दूरों की तरह नहीं होने जा रहा है, यह समझकर माँ को पहले ख़ुशी हुई थी। लेकिन बाद में उसे भय हुआ कि लड़का कहीं बस्ती की ज़िन्दगी की धारा से कटकर अलग-थलग न पड़ जाए।

एक दिन उसने पूछा, "तुम्हें कुछ हुआ है क्या, बेटा ?"

"नहीं, माँ, मैं तो बिल्कुल ठीक हूँ !" उसने जवाब दिया।

वह घर में किताबें लाने लगा और छिपाकर उन्हें पढ़ने लगा। पढ़कर वह किताब छिपाकर रख देता। जिन काग़ज़ों पर वह किताबों से लेकर कुछ लिखता उन्हें भी वह कहीं छिपाकर रखता।

उनमें अब बहुत कम बातें होतीं। सुबह वह चुपचाप चाय पीता और कारख़ाने काम पर चला जाता। दोपहर को वह खाने घर आता तो यों ही कुछ मामूली-सी बातें उनमें होतीं। फिर वह कारख़ाने चला जाता। शाम को लौटता तो नहा-धोकर तुरन्त खाना खा लेता और बड़ी रात तक किताबें पढ़ा करता। रविवार को सुबह ही वह घर से निकल जाता और रात को देर से घर लौटता। माँ को ख़बर मिलती कि वह शहर जाता है और वहाँ कभी-कभी नाटक देखता है। वह लक्ष्य करती

कि लड़का धीरे-धीरे उससे बात करना बिल्कुल कम करता जा रहा है, और फिर कोई बात करता भी है तो ऐसे नए शब्दों का प्रयोग करता है जो उसकी समझ में नहीं आते, साथ ही उसके लहज़े में वह पहले का रूखापन और तेज़ी नहीं रही। उसने यह भी लक्ष्य किया कि लड़के में अब पहले की तरह कपड़ों की शौकीनी नहीं रह गई है, बल्कि वह अपने शरीर और कपड़ों की सफ़ाई पर अब अधिक ध्यान दे रहा है। इन अस्वाभाविक परिवर्तनों को देखकर माँ को कभी-कभी चिन्ता होती। कभी-कभी तो लड़का हद ही कर देता। वह आप ही माँ के कामों में उसकी मदद करने लगता। फ़र्श पर झाड़ू दे देता। बिस्तर ठीक कर देता। बस्ती का कोई भी मर्द तो इस तरह अपने घर में नहीं करता।

एक दिन वह एक चित्र लाया और उसे दीवार पर टाँग दिया।

"माँ, यह ईसा का उस समय का चित्र है जब वह पुनर्जीवित हुए थे," पावेल ने माँ को समझाया।

घर में किताबों की संख्या बढ़ गई। उसने एक लकड़ी की आलमारी बनवाकर किताबों से सजा दी। कमरा अब कुछ अच्छा लगता।

माँ को अब वह बड़े प्यार से सम्बोधित करता। बाहर जाने लगता तो कहता, "प्यारी माँ, मैं रात को ज़रा देर से लौटूँगा, तुम कोई चिन्ता मत करना !"

माँ को यह सब अच्छा लगता। लेकिन बेटे की अस्वाभाविक गम्भीरता को देखकर वह कभी-कभी दहल भी जाती। उसे डर लगता कि कहीं वह घर-बार छोड़कर पादरी न बन जाए। फिर उसे यह भी ख़्याल आता कि लड़का कहीं किसी लड़की के चक्कर में तो नहीं पड़ गया है...

2

माँ ने दो वर्ष इन्हीं अजीब दुश्चिन्ताओं में काट दिए। एक रात जब पावेल अपने कमरे में बैठा कोई किताब पढ़ रहा था, रसोई उठाकर माँ उसके पास आई। पावेल ने सिर उठाकर पूछा, "क्या बात है, माँ ?"

"कुछ नहीं," घबराहट में माँ कुछ और न कह सकी।

"कहो, कहो, माँ ! घबराने की क्या बात है ?" पावेल ने कहा, "आओ, मेरे पास बैठ जाओ !"

"मैं यह जानना चाहती थी कि तुम हमेशा यह सब क्या पढ़ते रहते हो ?" बैठते हुए माँ ने पूछा।

माँ पर से नज़रें हटाकर पावेल ने किताब बन्द करके रख दी और धीरे से कहा, "मैं ज़ब्तशुदा किताबें पढ़ता हूँ। सरकार ने ये किताबें ज़ब्त कर ली हैं, क्योंकि इन किताबों में मज़दूरों के विषय में सच्ची बातें लिखी हुई हैं। ये किताबें गुप्त रूप से छापी जाती हैं। अगर सरकार का कोई आदमी मुझे इन किताबों के साथ देख ले तो वह मुझे

जेल में ठूँस देगा। माँ, जानती हो क्यों ? क्योंकि मैं सच्ची बातें जानना चाहता हूँ, माँ, समझीं ?''

सुनकर माँ की साँस ही जैसे रुक गई। वह फटी-फटी आँखों से अपने लड़के को ऐसे देखने लगी, जैसे वह कोई अजनबी हो ! किसी तरह वह बोली, ''तुम ऐसा क्यों करते हो, बेटा ?''

''क्योंकि मैं सच्ची बातों को जानना चाहता हूँ !'' पावेल ने वैसे ही शान्त और धीमे स्वर में कहा।

माँ क्या कहती। वह सिर झुकाकर सिसकने लगी।

''रोओ नहीं माँ,'' पावेल ने बड़े ही नर्म स्वर में कहा।

माँ को लगा, जैसे बेटा उससे विदा ले रहा हो।

''ज़रा सोचो तो माँ, कि हमारी ज़िन्दगी क्या है ! तुम चालीस की होने को आई, ज़रा बताओ तो कि तुमने अपनी ज़िन्दगी में क्या देखा है ? बप्पा तुम्हारी पिटाई करते थे–अब मुझे लगता है कि वह अपना सारा गुस्सा तुम्हीं पर झाड़ते थे–अपनी ज़िन्दगी की सारी तल्ख़ियाँ ! वे बेहद परेशान थे, लेकिन उनकी समझ में न आता था कि इतनी सब परेशानियाँ क्यों हैं ? उन्होंने कारख़ाने में तीस साल तक काम किया–जब उन्होंने काम शुरू किया था, कारख़ाने में सिर्फ़ दो मशीनें थीं और अब सात हैं...''

माँ डरी हुई थी, फिर भी बड़ी उत्सुकता से बेटे की बातें सुन रही थी। उसके बेटे की आँखों में जैसे एक ख़ुशगवार रोशनी जल रही थी। वह अपनी माँ के आँसुओं से भीगे चेहरे के पास अपना मुँह लाकर उन सच्ची बातों के विषय में अपना पहला भाषण दे रहा था, जिन्हें उसने अभी तक समझा था। वह अपनी तरुणाई की पूरी शक्ति के साथ, एक ऐसे विद्यार्थी के उत्साह से बोल रहा था, जिसे अपने ज्ञान पर गर्व हो और अपनी समझी हुई सच्ची बातों पर पक्का विश्वास हो। कभी-कभी वह जैसे कोई शब्द न पाकर रुक जाता था और कभी-कभी आँसुओं के पर्दे के पीछे से माँ की दयालु, चमकती हुई आँखों को देखने लगता था। वे आँखें कैसे आश्चर्य और भय से उसकी ओर देख रही थीं !

''तुमने अपनी ज़िन्दगी में कौन-सी खुशी देखी है, माँ ?...''

वह सुन रही थी और सिर हिला रही थी। उसे महसूस हो रहा था

कि कुछ ऐसी नई तरह की बातें उसके कानों में पड़ रही हैं, जिनसे एक ही साथ ख़ुशी भी हासिल होती है और पीड़ा भी होती है। उसके जीवन में यह पहला अवसर था, जब कोई उससे उसके और उसके जीवन के विषय में बातें कर रहा था। उसे अपनी तरुणाई की बातें याद आने लगीं। तब वह अपनी सहेलियों से कैसी-कैसी शिकायतें करती थी ! लेकिन उसके पास या उसकी सहेलियों के पास इस सवाल का कोई जवाब न था कि जीवन इतना कठिन क्यों है। लेकिन आज उसका बेटा उसके सामने बैठा था और उसकी आँखें, उसका चेहरा, और उसके शब्द जो भाव प्रकट कर रहे थे, वे सीधे उसके दिल को छू रहे थे। उसे अपने बेटे पर गर्व हो रहा था, जो अपनी माँ के जीवन और दुखों को इतनी अच्छी तरह समझ रहा था।

आख़िर उसे बीच में ही रोककर माँ ने पूछा, "तुम करना क्या चाहते हो, यह तो बताओ ?"

"पहले तो अध्ययन करना चाहता हूँ, फिर दूसरों को ये बातें बताऊँगा। हम मज़दूरों को अवश्य ही अध्ययन करना चाहिए ! हमें यह समझना ही चाहिए कि हमारी ज़िन्दगी इतनी कठिन क्यों है। मेरी बात समझ रही हो न, माँ ?"

"हाँ," माँ ने एक ठंडी साँस लेकर कहा। उसकी आँखों से सहसा फिर आँसू ढरकने लगे और उसने रोते हुए कहा, "तुम बर्बाद हो जाओगे ?"

वह उठकर कमरे में टहलने लगा। फिर बोला, "ख़ैर, अब यह तो तुम्हें मालूम ही हो गया कि मैं कहाँ जाता हूँ और क्या करता हूँ। माँ, अगर तुम सचमुच मुझे प्यार करती हो, तो मेरा निवेदन है कि तुम मेरे कामों में कभी बाधा न डालना !"

"ओह, मेरे प्यारे बच्चे !" माँ ने रोते हुए ही कहा, "अच्छा होता कि तुमने मुझे यह सब न बताया होता !"

पावेल ने उसका हाथ अपने हाथों में ले लिया और कहा, "माँ !"

इस सम्बोधन से माँ अभिभूत हो उठी। वह बोली, "मैं ऐसा कुछ न करूँगी, बेटा ! लेकिन इतना ज़रूर कहूँगी कि तुम अपने स्वास्थ्य का ख़्याल रखना, तुम रोज़-रोज़ दुबले होते जा रहे हो।"

3

एक दिन पावेल ने माँ से कहा, "शनिवार को शहर से मेरे कुछ मेहमान आएँगे।"

"शहर से ?" रोनी-सी आवाज़ में माँ ने पूछा।

"क्या बात है, माँ ? तुम डर रही हो क्या ?"

"हाँ," माँ ने स्वीकार कर लिया।

"डर ही तो हमारी बर्बादी का कारण है, माँ," उसने ज़रा कड़े होकर कहा, "हमारे मालिक हमारे डर का ही तो फ़ायदा उठाते हैं और हमें तंग करते हैं।"

"नाराज़ न होओ, बेटा," माँ ने सिसककर कहा, "मैं कैसे न डरूँ ? सारी ज़िन्दगी तो मैं डरती रही हूँ। मेरी आत्मा डर में ही तो पली-पुसी है !"

"माफ़ करो, माँ," लड़के ने नर्म होकर कहा, "लेकिन यही एक रास्ता है ?" कहकर वह चला गया।

तीन दिनों तक माँ का हृदय यह सोचकर काँपता रहा कि वही भयंकर लोग उसके घर में आएँगे जिन्होंने उसके लड़के को उस रास्ते पर चलना सिखाया है।

शनिवार की शाम को पावेल कारख़ाने से आया और नहा-धोकर, माँ से यह कहकर बाहर निकल गया, "कोई आए तो कहना कि मैं ठीक समय पर लौट आऊँगा। डरो नहीं, माँ !"

यह नवम्बर का महीना था। दिन में सूखी बर्फ़ गिरी थी। अँधेरा घिर आया तो माँ को ऐसा लगने लगा जैसे चारों ओर से अजीब-अजीब कपड़े पहने बुरे लोग उसके घर में घुसते आ रहे हैं

दरवाज़े पर किसी के पाँवों की आवाज़ आई, तो माँ चौंक उठी। उसकी भौंहें तन गईं।

दरवाज़ा खुला। पहले एक बड़ा सिर, रोंएँदार टोपी के साथ, दिखाई दिया, फिर एक लम्बा शरीर झुककर दरवाज़े के अन्दर आता दिखाई दिया।

"नमस्ते !"

माँ ने बिना कुछ बोले सिर झुकाकर जवाब दिया।

"पावेल है ?"

आगन्तुक ने अपनी रोएँदार फतुही उतारी और पाँव उठा-उठा कर जूते की बर्फ़ झाड़ी। टोपी एक कोने में फेंककर वह एक कुर्सी पर बैठ गया और पूछा, "यह तुम्हारी अपनी झोंपड़ी है या किराये की है ?"

"किराये की।"

"यह तुम्हारे माथे पर किसने मारा था, माँ ?"

उसकी आवाज़ बड़ी कोमल थी और उसकी आँखों में मुस्कुराहट थी, फिर भी माँ नाराज़ हो गई, "यह जानने की तुम्हें क्या ज़रूरत है, लड़के ?"

"नाराज़ न होओ, माँ," उसने माँ के चेहरे पर झुक कर कहा, "मेरी माँ के, जिसने मुझे गोद ले रखा था, माथे पर भी ऐसा ही निशान था। जिसके साथ वह रहती थी, उसी ने उसे मारा था।"

उसकी यह बात सुनकर माँ का गुस्सा जाता रहा। उसने झेंपकर कहा, "मुझे भी मेरे आदमी ने ही मारा था। उसकी आत्मा को भगवान शान्ति दे ! चाय पियोगे ?"

"अभी नहीं। सबको आ जाने दो, फिर तुम जी भरकर हमारा स्वागत करना।"

माँ सोच रही थी कि अगर आज यहाँ आनेवाले सब इसी की तरह हों, तो डरने की कोई बात नहीं।

दरवाज़े पर फिर पाँवों की आवाज़ आई। माँ फिर उठ खड़ी हुई। लेकिन एक लड़की को अन्दर आते हुए देखकर उसे आश्चर्य हुआ। वह एक छोटी-सी लड़की थी। उसका चेहरा किसानों की तरह था। वह अपने बालों को एक ही चोटी में गूँथे हुए थी।

"मुझे देर हो गई क्या ?" लड़की ने नर्म आवाज़ में पूछा।

"नहीं," युवक ने जवाब दिया।

लड़की माँ की ओर देखकर बोली, "आप पावेल की माँ हैं न ? नमस्ते ! मेरा नाम नताशा है।"

"और तुम्हारा नाम क्या है, लड़के ?" माँ ने युवक से पूछा।

"नाखोद्का। और तुम्हारा, माँ ?"

"निलोव्ना।"

नताशा का मुँह छोटा, होंठ भरे हुए और शरीर सुन्दर और गोल-मोल था। वह ठंड के मारे काँप रही थी।

"मैं चूल्हा जलाती हूँ।" जल्दी से कहती हुई माँ रसोई में चली गई और वहीं से उनकी बातें सुनने लगी।

"क्या सोच रहे हो, नाखोद्का ?" नताशा ने पूछा।

"मैं सोच रहा हूँ," नाखोद्का ने धीरे से कहा, "इस विधवा की आँखें बहुत अच्छी हैं; शायद यही मेरी माँ हो।"

"लेकिन तुमने तो बताया था कि वह मर गई।"

"वह तो मुझे गोद लेनेवाली माँ थी। मैं तो अपनी माँ के बारे में बता रहा हूँ। वह शायद कीव की सड़कों पर कहीं भीख माँग रही होगी और पुलिसवाले उसे ठोकर लगा रहे होंगे..."

सुनकर माँ ने एक ठंडी साँस ली, "बेचारा लड़का !"

तभी पुराने चोर दानिला का लड़का निकोलाइ अचानक दरवाज़ा खोलकर अन्दर आ गया और माँ से पूछा, "पावेल है ?"

"नहीं," चौंककर माँ ने कहा, "तुम यहाँ कैसे ?"

उसका कोई जवाब न दे निकोलाइ कमरे के अन्दर घुस गया और बोला, "नमस्ते साथियो !"

माँ को यह देखकर आश्चर्य हुआ कि नताशा ने निकोलाइ के साथ ऐसे हाथ मिलाया, जैसे वह उसे देखकर बहुत ख़ुश हुई हो।

उसके बाद दो और आए। वे बिलकुल लड़कों की तरह थे। उनमें से एक को माँ पहचानती थी, उसका नाम फ्योदोर था। उसका बाप सिम्मोव कारख़ाने का पुराना मज़दूर था।

अन्त में पावेल आया। उसके साथ कारख़ाने के दो मज़दूर थे, जिन्हें माँ पहचानती थी। पावेल ने माँ को चूल्हा जलाते हुए देखकर कहा, "शुक्रिया, माँ।"

"मैं थोड़ी वोद्का ला दूँ ?" माँ ने झेंपते हुए पूछा।

"नहीं, उसकी ज़रूरत नहीं।"

"यही तुम्हारे क़ानून तोड़नेवाले लोग हैं ?" माँ ने मुस्कुराते हुए पूछा।

"हाँ।"

"तुमने पहले बताया होता तो मैं क्यों डरती ?" माँ ने स्नेहपूर्ण स्वर में कहा, "तुम्हारा बचपना न गया !"

4

वे सब मेज़ के चारों ओर भीड़ लगाकर बैठे थे। कोने में चिराग़ के नीचे हाथ में एक किताब खोले नताशा बैठी थी। वह पढ़ रही थी, "यह समझने के लिए कि लोगों की ज़िन्दगी इतनी बेहूदा क्यों है..."

"और लोग ख़ुद इतने बेहूदे क्यों हैं..." नाखोद्का ने जोड़ा।

"यह ज़रूरी है कि हम उनकी ज़िन्दगी की शुरुआत को देखें।"

"हाँ, मेरे बच्चो ! देखो, अच्छी तरह देखो !" चाय लेकर अन्दर आती हुई माँ फुसफुसाई।

सब लोग ख़ामोश हो गए। पावेल ने बिगड़कर पूछा, "तुम्हारा क्या मतलब है, माँ ?"

"मतलब ?" माँ ने सबको अपनी ही ओर देखते हुए शरमाकर कहा, "ओह ! वह तो मैं अपने से ही कह रही थी यह सोचकर कि क्यों न तुम लोग अच्छी तरह देखो !"

नताशा हँस पड़ी और पावेल ने मुँह पर हाथ रखकर अपनी हँसी रोकी।

"चाय के लिए शुक्रिया, माँ !" नाखोद्का ने कहा।

नताशा चाय पीकर तुरन्त किताब से फिर पढ़ने लगी। माँ यह ध्यान रख रही थी कि चाय ढालते समय बर्तनों से कोई आवाज़ न हो। वह ध्यान से सुन रही थी। नताशा की सुरीली आवाज़ में आदिम युग के गुफावासियों की कहानियाँ जैसे फूट पड़ीं। ये बिल्कुल परियों की कहानियों की तरह लग रही थीं और माँ पावेल की ओर देख रही थी कि वह क्यों ऐसे ज्ञान को गैरक़ानूनी कह रहा था।

पावेल नताशा की बग़ल में बैठा था। वह उन सब में सबसे अधिक सुन्दर था। सब नताशा की बातें अजीब-अजीब तरह से मुँह बनाये सुन

रहे थे।...माँ को अचानक अपनी जवानी के दिनों की एक ऐसी ही शाम की याद आ गई, जब लड़के एक पार्टी में इकट्ठे हुए थे और गन्दी ज़बानों में, अपनी साँसों से वोद्का की गन्ध छोड़ते हुए, चिल्ला-चिल्लाकर बातें कर रहे थे।...उसे याद आया कि वैसी ही एक पार्टी में एक रात एक युवक ने दरवाज़े के पास ही उसे धर दबोचा था और पूछा था, 'बोलो, मुझसे ब्याह करोगी न ?'' उसका तो दम ही निकल गया था। किसी तरह छुड़ाकर वह भागी भी तो युवक की गर्जना सुनाई दी थी, ''कहाँ भाग रही हो ? मेरे सवाल का जवाब दो !...रविवार को मैं शादी पक्की करने के लिए तुम्हारे यहाँ अपना आदमी भेजूँगा।'' और उसने सचमुच वैसा ही किया था और शादी पक्की हो गई थी।...माँ ने एक

ठंडी साँस छोड़ी।

"लेकिन मैं तो यह जानना चाहता हूँ कि लोगों को कैसे रहना चाहिए, यह नहीं कि लोग कभी कैसे रहते थे ?" निकोलाइ ने आपत्ति की।

"हाँ-हाँ" लाल बालवाले लड़के ने भी कहा।

"लेकिन मेरा ऐसा ख़्याल नहीं है !" फ्योदोर ने कहा।

एक बहस शुरू हो गई, जिसमें शब्द लपटों की तरह उछलने लगे। माँ की समझ में न आ रहा था कि वे सब क्या चिल्ला रहे थे। सबके चेहरे उत्तेजना से लाल हो उठे थे। लेकिन कोई भी गन्दी ज़बान में बात न कर रहा था। माँ ने सोचा, शायद ये नताशा के कारण शरमा रहे हैं।

"एक मिनट रुको, साथियो !" नताशा अचानक बोल उठी।

सब लोग ख़ामोश हो गए, तो उसने कहा, "जो लोग यह मानते हैं कि हमें हर चीज़ का ज्ञान प्राप्त करना चाहिए, वही सही हैं ! हमें अपने अन्दर तर्क की वह रोशनी जलानी चाहिए, जो दूसरों के अज्ञान के अन्धकार को दूर कर सके। हमें हर सवाल का सच्चा और सही जवाब मालूम ही होना चाहिए ! हमें सम्पूर्ण सत्य और सम्पूर्ण झूठ का ज्ञान होना चाहिए।"

नताशा के बाद पावेल खड़े होकर बोलने लगा, "केवल भर-पेट भोजन की बात नहीं है, साथियो ! हमें तो उन लोगों को, जो हमारी पीठ तोड़ रहे हैं और हमारी आँखों पर अन्धकार का पर्दा डाले हुए हैं, यह बताना है कि हम सब कुछ समझते हैं। हम मूर्ख या जानवर नहीं है जिन्हें सिर्फ़ भर-पेट खाना चाहिए ! हम मनुष्यों के योग्य जीवन जीना चाहते हैं ! हमें अपने शत्रुओं को यह बता देना है कि जिस गुलामी की ज़िन्दगी में उन्होंने हमें रखा है, वह हमें बुद्धिमान होने से नहीं रोक सकती। हम उन्हीं की तरह नहीं, उनसे भी बढ़-चढ़कर बुद्धिमान हो सकते हैं !"

माँ का सीना गर्व से काँप उठा। उसके बेटे ने कितना अच्छा भाषण दिया !

"कितने ही लोग हैं, जिन्हें भर-पेट खाना मिलता है, लेकिन उनमें

कितने ईमानदार हैं ?" नाखोद्का बोला, "साथियो ! हमारा काम यह है कि इस सड़ी हुई ज़िन्दगी से मुक्ति प्राप्त करें और एक ऐसी व्यवस्था के लिए संघर्ष करें, जिसमें सभी मनुष्य भाई-भाई की तरह एक समान हों।"..."

आधी रात को यह बैठक समाप्त हुई। नताशा अपना मोज़ा पहनने लगी तो माँ ने कहा, "ऐसी ठंडक के लिए तुम्हारे ये मोज़े बहुत पतले हैं। मैं तुम्हारे लिए एक जोड़ा ऊनी मोज़े बुन दूँगी।"

"ऊनी मोज़ों से पाँवों में खुजली होने लगती है, माँ।"

"नहीं, मैं ऐसी बुनूँगी जिनसे बिल्कुल खुजली न होगी।"

"तुम कितनी प्यारी हो, माँ !" नताशा ने आँखें झपकाते हुए कहा।

सब चले गए तो मेज़ को साफ़ करते हुए माँ ने कहा, "नाखोद्का बहुत अच्छा है। और वह लड़की...कौन है वह ?"

"एक अध्यापिका।"

"बड़ी ग़रीब मालूम देती है। उसके पास कपड़े भी नहीं हैं, कहीं इस ठंड में उसे सर्दी न लग जाए। उसके माँ-बाप कहाँ रहते हैं ?"

"मास्को में। उसका बाप बड़ा धनी आदमी है। वह लोहे का व्यापार करता है और उसके कई कोठियाँ हैं। लेकिन उसने अपनी बेटी को अपने घर से इसलिए निकाल दिया, क्योंकि बेटी ने अपने जीवन का यह रास्ता चुन लिया। सम्पन्नता में पली-पुसी लड़की अब रात में अकेली पाँच-पाँच मील पैदल चलती है !"

"ओह !" इस सूचना से अभिभूत होकर माँ ने पूछा, "इस रात को अकेली वह शहर गई है ?"

"हाँ !"

"च-च ! उसे डर नहीं लगेगा ?"

"तुमने तो उसे अपनी आँखों से ही देखा है !" कहते हुए पावेल हँस पड़ा।

"लेकिन वह यहाँ, हमारे साथ रात में रह सकती थी..."

"नहीं, यह ठीक नहीं होता। हम नहीं चाहते कि सुबह उसे यहाँ कोई देखे।"

"लेकिन मेरी समझ में तो कुछ नहीं आता ?" माँ ने कहा, "तुम

लोग तो कोई ग़लत काम नहीं करते।"

"हम कोई भी ग़लत काम नहीं करते, फिर भी वे हमें जेल में डाल देते हैं।"

माँ के हाथ काँप उठे। उसने पूछा, "क्या इससे बचाव नहीं हो सकता ?"

लड़का मुस्कुराया। बोला, "माँ, मैं तुमसे झूठ नहीं बोलूँगा, इससे कोई भी बचाव नहीं है।"

5

दिन बीतते गए। हर शनिवार को पावेल के साथी उसके घर पर इकट्ठे होते और हर बैठक दूर के उस लक्ष्य की ओर एक क़दम होती, जिस पर उन्हें पहुँचना था। नए लोग भी उस बैठक में सम्मिलित होते गए और पावेल का वह कमरा उस भीड़ के लिए छोटा पड़ने लगा।

माँ ने नताशा के लिए मोज़े बुने और उसने ख़ुद उन्हें नताशा के नन्हे पाँवों में पहनाया। इस पर नताशा पहले हँसी, लेकिन तुरन्त बाद ही वह ख़ामोश और गम्भीर हो गई।

"एक ज़माने में मेरे लिए एक सेविका रखी गई थी, वह भी बड़ी मेहरबान थी," नताशा ने बताया, "यह कितने आश्चर्य की बात है, माँ कि मेहनतकशों की ज़िन्दगी इतनी ख़राब और कठिन होती है, लेकिन वे उन लोगों से कहीं अधिक मेहरबान होते हैं, जो..."

"तुम्हारी भी क्या ज़िन्दगी है, बेटी," माँ ने एक ठंडी साँस लेकर कहा, "तुम्हारे माता-पिता छूट गए..."

"माता-पिता का छूट जाना कोई महत्त्व नहीं रखता, माँ," नताशा ने कहा, "मेरे पिता बड़े ही निर्दयी हैं और मेरे भाई भी वैसे ही हैं। वे शराबी हैं। मेरी बड़ी बहन बहुत दुखी रहती है, क्योंकि उसकी शादी उससे कहीं ज़्यादा उम्रवाले एक आदमी से की गई है, जो धनी तो बहुत है, लेकिन नीच और मक्खीचूस है। मुझे अपनी माँ के लिए ज़रूर दुख होता है। वह तुम्हारी ही तरह सीधी औरत है और बराबर घर में

दौड़-भाग करती रहती है। उससे मैं ज़रूर मिलना चाहती हूँ।"

"ओह, मेरी प्यारी बच्ची !" दुख से अपना सिर हिलाती हुई माँ बोली।

"लेकिन मैं बहुत ख़ुश हूँ, माँ, बहुत ख़ुश !" नताशा ने माँ के कन्धों पर अपने हाथ रखकर कहा, "काश, तुम समझ सकतीं कि हम लोग कितना ज़बर्दस्त काम कर रहे हैं !"

"मैं अपढ़ और बूढ़ी हूँ, बेटी !" माँ ने दुखी होकर कहा।

इन बैठकों में एक और लड़की, जिसका नाम सशा था, भी आने लगी थी। वह दुबली-पतली और लम्बी लड़की थी। उसका चेहरा पीला और आँखें बहुत बड़ी-बड़ी थीं। उसकी चाल और हरकतों में एक मर्दानगी-सी थी। जब वह बोलती तो उसकी भौंहें बार-बार सिकुड़ जातीं और नाक काँपने लगती। इसी सशा ने एक दिन तेज़ आवाज़ में कहा, "हम लोग सोशलिस्ट हैं !"

माँ ने यह सुना तो वह आतंकित होकर सशा की ओर देखने लगी। उसने सुना था कि इन्हीं सोशलिस्टों ने एक ज़ार को मारा था। वे उसके तरुणाई के दिन थे। उसने सुना था कि ज़मींदार लोग ज़ार पर इसलिए नाराज़ थे, क्योंकि उसने उनके दासों को आज़ाद कर दिया था। उन लोगों ने प्रतिज्ञा की थी कि जब तक वे ज़ार को मार न डालेंगे अपने सिर के बाल न कटवाएँगे। ये ही लोग अपने को सोशलिस्ट कहते थे। इन्हीं लोगों ने एक ज़ार को मारा था।

सब लोग चले गए तो माँ ने पावेल से पूछा, "क्यों बेटा, तुम सोशलिस्ट हो ?"

"हाँ," पावेल ने कहा, "क्यों ?"

"उन्होंने तो एक ज़ार को मारा था..."

पावेल हँस पड़ा। बोला, "माँ, क्या हम लोग ज़मींदार हैं ? नहीं, माँ, हम लोग दूसरी तरह के सोशलिस्ट हैं। हम लोग तो मज़दूरों के अधिकारों के लिए लड़नेवाले हैं।"

फिर भी माँ का डर न गया। लेकिन बैठकों में बार-बार इस शब्द को सुनकर धीरे-धीरे वह अभ्यस्त हो गई और उसका डर जाता रहा। बैठकों में उसने एक चीज़ और देखी। वे लोग कभी-कभी इटली, फ्रांस,

जर्मनी, स्वेडन आदि देशों के मज़दूरों के बारे में भी बात करते थे और उनकी जीतों पर भी ख़ुशी मनाते थे।

एक दिन माँ ने नाखोद्का से पूछा, ''वाह ! दुनिया के सब मज़दूर तुम्हारे साथी हैं !''

''हाँ, मेरी प्यारी माँ !'' नाखोद्का ने ज़ोर से कहा, ''हम जात-पाँत या देशों का बन्धन स्वीकार नहीं करते। हमारे लिए इस संसार में बस दो ही तरह के लोग हैं, एक, हमारे साथी और दो, हमारे दुश्मन। दुनिया के सभी मेहनतकश हमारे साथी हैं और दुनिया के सभी धनी लोग और उनकी सरकारें हमारी दुश्मन हैं। हम सभी मेहनतकश एक ही माँ की सन्तान हैं, प्यारी माँ ?''

माँ की जगह उसे हमेशा 'प्यारी माँ' से सम्बोधित करनेवाला नाखोद्का उसे बड़ा प्यारा लगता। एक दिन उसने अपने बेटे से कहा, ''क्यों न हम नाखोद्का को अपने घर में रख लें। मैं उसके लिए भी खाना बना दिया करूँगी। तुम लोगों को भी बार-बार एक-दूसरे के घर दौड़कर जाने से छुट्टी मिल जाएगी।''

''क्यों तुम ज़हमत लोगी, माँ ?'' पावेल ने संकोच से कहा।

''वाह, सारी ज़िन्दगी मैंने बेकार की ज़हमत उठाई है,'' माँ ने चट कहा, ''यह तो एक अच्छे आदमी के लिए ज़हमत होगी।''

6

एक दिन हौलीवाले ने माँ को सड़क पर रोककर कहा, ''क्या हाल-चाल हैं, पेलागिया?...और तुम्हारा लड़का कैसा है ? वह शादी क्यों नहीं कर रहा है ? अब क्या वह दुबारा जवान होगा ? भाई, आज-कल लड़कों की जल्दी शादी कर देना अच्छा रहता है ! ये लड़के अब चर्च नहीं जाते और अँधेरे में जाने क्या खुसर-फुसर करते रहते हैं ? आख़िर ऐसी राज की कौन-सी बात है, जो ये लोगों के बीच नहीं कर सकते ? भाई, अपने लड़के को सँभालो !''

माँ कुछ कहे, इसके पहले ही हौलीवाला चलता बना।

इसी तरह एक दिन पड़ोसिन मारिया ने, जो कारख़ाने में खाने का ख़ोमचा लगाती थी, कहा, "पेलागिया, अपने लड़के पर ज़रा नज़र रखो।"

"क्या मतलब ?" माँ ने पूछा।

"उसके बारे में अफ़वाहें फैल रही हैं, बड़ी बुरी-बुरी...जैसे एक यह कि वह कोई संगठन बना रहा है..."

"बेकार की ये बातें रहने दो, मारिया !" माँ ने उसे डाँटा।

"देखो, जहाँ धुआँ होता है, वहाँ आग ज़रूर होती है ?" मारिया जाते हुए बोली, "अब तुम जानो और तुम्हारा काम !"

माँ ने ये बातें पावेल को बताईं, तो उसने अपने कन्धे उचका दिए और नाखोद्का हँस पड़ा।

"तुम लोग उन्हें क्यों नहीं समझाते ?" माँ ने कहा, "उनमें से भी कुछ को यहाँ क्यों नहीं बुलाते ?"

"इससे कोई फ़ायदा नहीं होगा," पावेल ने कहा।

"लेकिन हमें कोशिश तो करनी चाहिए," नाखोद्का ने कहा।

एक रात जब माँ पावेल और नाखोद्का को पढ़ते हुए छोड़कर अपने बिस्तर पर लेट गई, तो उसने उन्हें फुसफुसाहट में ये बातें करते हुए सुना–

"नताशा मुझे बहुत अच्छी लगती है," नाखोद्का ने कहा।

"मुझे मालूम है," पावेल ने बताया।

"पता नहीं, मेरी यह बात नताशा को मालूम है कि नहीं।"

पावेल ने कोई जवाब नहीं दिया।

"बताओ, पावेल ! तुम्हें कुछ मालूम है ?"

"उसे पता लग गया है, तभी तो उसने यहाँ आना बन्द कर दिया है," पावेल ने जवाब दिया।

"अगर मैं, उसे बता दूँ...."

"क्या ?"

"यही कि मैं...उसे..."

"कोई ज़रूरत नहीं है।"

"फिर तो कुछ नहीं होगा। अगर तुम किसी लड़की को प्यार करते

हो और उसे यह बात नहीं बताते तो...''

''आख़िर तुम क्या चाहते हो ?'' पावेल ने कहा, ''मान लो, वह भी तुम्हें चाहती है। फिर ? शादी ? बच्चे ? गृहस्थी का चक्कर ? तुम दोनों को हम लोग खो देंगे।...नहीं, दोस्त, यह ख़्याल छोड़ दो।''

''बड़ा कठिन लगता है, पावेल,'' नाखोद्का ने कहा, ''ऐसी हालत में तुम क्या करते ?''

''वही जो कह रहा हूँ,'' पावेल ने कहा, ''तुम्हें मालूम नहीं, मैं वही कर रहा हूँ।''

माँ तकिए में मुँह छिपाकर सुबकने लगी, ''ओह, मेरे प्यारे बच्चो !''

7

बस्ती के लोग उन सोशलिस्टों के विषय में बातें करने लगे, जिन्होंने पर्चे बाँटे थे। पर्चे में कारख़ाने की व्यवस्था की आलोचना की गई थी और मज़दूरों से अपनी ही भलाई के लिए एकजुट होने के लिए कहा गया था।

प्रौढ़ आयु के लोग जिन्हें कारख़ाने से फ़ायदा होता था, नाराज़ हो गए और पर्चे अपने मालिकों के पास दिखाने ले गए।

युवकों ने उन पर्चों को बड़े उत्साह से पढ़ा। पर्चों ने बस्ती में एक हलचल मचा दी। अगले सोमवार को फिर पर्चे बाँटे गए तो मज़दूर आपस में बातें करने लगे।

कारख़ाने के फाटक और टोली में कुछ अजनबी चेहरे दिखाई देने लगे। वे जैसे चारों ओर सूँघते फिरते और मजदूरों से तरह-तरह के सवाल करते।

माँ जब यह सोचती कि बस्ती में यह उत्तेजना उसके बेटे के कामों के कारण पैदा हुई है तो उसका मन गर्व और चिन्ता से भर जाता।

एक शाम मारिया ने खिड़की पर आकर माँ को बताया, ''सावधान हो जाओ, पेलागिया ! वे आ रहे हैं। आज रात तुम्हारे यहाँ और फ्योदोर के यहाँ तलाशी होनेवाली है। तुम यह किसी से न कहना कि

मैं आज तुमसे मिली थी।''

इतना कहकर मारिया चली गई, तो माँ के पहले तो होश ही उड़ गए। लेकिन ज़रा देर बाद ही अपने लड़के को ख़तरे में समझ उसने अपने को सँभाला। उसने तुरन्त एक शाल सिर पर डाली और फ्योदोर के यहाँ चल पड़ी। फ्योदोर तबीयत खराब होने के कारण कारख़ाने नहीं गया था। वह बिस्तर पर पड़ा-पड़ा कोई किताब पढ़ रहा था। माँ ने उसे बताया तो वह पीला पड़कर उठ खड़ा हुआ।

''क्या किया जाए ?'' माँ ने पूछा।

''ज़रा रुको,'' फ्योदोर ने घबराहट में कहा, ''घबराने की कोई बात नहीं है।''

''तुम तो ख़ुद घबरा रहे हो ?'' माँ रुआँसी होकर बोली।

''नहीं !'' फ्योदोर आत्मविश्वास की मुस्कान मुस्कुराकर बोला, ''परेशानी की कोई बात नहीं है। मैं अभी किसी को पावेल के पास भेजता हूँ। तुम घर जाओ। वे हमें मार तो सकते नहीं।''

घर लौटकर माँ ने सारी किताबें समेटीं। उसकी समझ में न आ रहा था कि उन्हें कहाँ छिपाए। कहीं कोई जगह ही न थी। लाचार वह किताबें अपनी गोद में सँभाले रसोई में आ बैठी।

पावेल और नाखोद्का आए तो वह चिल्ला पड़ी, ''तुम्हें मालूम है ?''

''हाँ,'' पावेल ने मुस्कुराते हुए कहा, ''तुम बहुत डर गई हो, माँ ?''

''हाँ, मैं तो इतनी डर गई हूँ, इतनी...''

''नहीं,'' नाखोद्का ने कहा, ''डरने की कोई बात नहीं है, प्यारी माँ !''

''तुमने चूल्हा भी नहीं जलाया ?'' पावेल ने पूछा।

''इन किताबों के कारण...''

''ओह, लाओ, तुम इन्हें मुझे दे दो,'' पावेल ने किताबों की ओर हाथ बढ़ाते हुए कहा। उसने किताबें लेकर कुछ चुनीं और उन्हें सहन में छिपाने चला गया।

''घबराने की तो कोई बात ही नहीं है, प्यारी माँ,'' नाखोद्का ने

चूल्हा जलाते हुए कहा, "वे तलवार लटकाए और बूट पहने आएँगे और सब जगह टटोलेंगे। कुछ न पाकर गुस्सा होंगे और चले जाएँगे। एक बार वे मुझे पकड़ ले गए थे और चार महीनों के लिए जेल में डाल दिया था। फिर छोड़ दिया था।"

"यह तुम कैसी बातें कर रहे हो, बेटा ?" माँ ने चकित होकर पूछा।

"और कैसी बात की जाए, प्यारी माँ ?" नाखोद्का ने कहा, "यह सब तो रोज़-रोज़ की बातें हैं। वे अपना काम करते हैं और हम अपना काम करते हैं।"

पावेल ने लौटकर कहा, "उन्हें अब वे नहीं पा सकते !" वह हाथ धोते हुए बोला, "माँ, तुम डरोगी तो वे सन्देह करेंगे कि इस घर में ज़रूर कुछ है। तुम तो जानती हो, हम लोग कोई ग़लत काम नहीं कर रहे हैं। फिर इसमें डरने की भला कौन-सी बात है ? न्याय हमारे पक्ष में है और हम सारे जीवन इस न्याय के लिए काम करेंगे !"

"मैं धीरे-धीरे निडर हो जाऊँगी, बेटा !" माँ ने सिर झुकाकर कहा।

8

उस डरावनी रात के एक महीने बाद एक रात को वे आए। निकोलाइ पावेल और नाखोद्का से मिलने आया था। वे कोई अखबार पढ़ रहे थे और माँ अपने बिस्तर पर सो रही थी।

अचानक नाखोद्का रसोई में आया और बाहर का दरवाज़ा खोलकर ज़रा देर बाद बोला, "लगामों की खनखनाहट सुनाई पड़ रही है !"

माँ अपने बिस्तर से कूद पड़ी और अपने कपड़ों को सँभालने लगी।

पावेल ने वहाँ आकर कहा, "माँ, तुम बिस्तर पर जाओ। तुम्हारी तबीयत ठीक नहीं है।"

दरवाज़े पर खड़खड़ाहट हुई तो पावेल उधर जाकर बोला, "कौन है ?"

तुरन्त ही दो लम्बे आदमी प्रगट हुए और पावेल को अन्दर ढकेलकर दरवाज़े पर खड़े हो गए। एक अफ़सर अन्दर आया और स्थानीय पुलिसवाला माँ के पास आकर बोला, "हुज़ूर, यह उसकी माँ है और वह पावेल है।"

"हम तुम्हारे घर की तलाशी लेना चाहते हैं," अफ़सर ने कहा, "खड़ी हो जाओ, औरत ! और उधर कमरे में कौन है ?" कहकर वह कमरे में घुस गया।

"उन्होंने आलमारी से किताबें निकालीं। दीवारों को मुट्ठियों से ठोक-ठोककर देखा। अफ़सर किताबें देख-देखकर फ़र्श पर फेंकने लगा तो निकोलाइ ने कहा, "आप इस तरह किताबें क्यों फेंक रहे हैं ?'

माँ चौंक उठी। अफ़सर ने आँखें सिकोड़कर निकोलाइ की ओर देखा।

"ओ सिपाहियो ! किताबें उठाकर रखो !" निकोलाइ ने फिर कहा।

कई सिपाही निकोलाइ के पास आ गए और उन्होंने अफसर की ओर देखा। अफ़सर ने कहा, "किताबें उठा दो।"

वे बिखरी हुई किताबें उठाने लगे तो माँ ने पावेल से फुसफुसाकर कहा, "वह चुप रहे तो अच्छा।"

"यह बाइबिल कौन पढ़ता है ?" अफ़सर ने पूछा।

"मैं," पावेल ने कहा।

"ये सब किसकी किताबें हैं ?"

"मेरी," पावेल ने कहा।

अफ़सर कुर्सी पर पाँव फैलाकर बैठ गया और नाखोद्का की ओर देखकर पूछा, "तुम्हारा नाम नाखोद्का है न ?"

"हाँ," निकोलाइ ने आगे बढ़कर कहा, लेकिन नाखोद्का ने उसके कन्धे पर हाथ रखकर उसे पीछे करते हुए कहा, "नहीं, मैं नाखोद्का हूँ।"

अफ़सर फिर काग़जों को देखने लगा।

"हूँ ! नाखोद्का, तुम्हें तो राजनीतिक अपराधों के लिए कई बार सज़ा मिल चुकी है न ?" अफ़सर ने पूछा।

"हाँ, एक बार रोस्तोव में, एक बार सारातोव में..."

"क्या तुम बता सकते हो कि कारख़ाने में बँटनेवाले पर्चों को किन कमीनों ने तैयार किया ?"

नाखोद्का ने दाँत पीसे और जवाब देने ही वाला था कि निकोलाइ ने कहा, "कमीनों को तो हम यहाँ पहली बार देख रहे हैं !"

एक क्षण के लिए वहाँ सन्नाटा छा गया। माँ के चेहरे का निशान सफ़ेद पड़ गया और उसकी दाहिनी भौंह ऊपर चढ़ गई।

"इस कुत्ते को बाहर ले जाओ !" अफ़सर ने कहा।

दो पुलिसवाले उस पर झपटे और उसे घसीटने लगे। उसने अपना पाँव अड़ाकर कहा, "रुको, मुझे अपना कपड़ा पहन लेने दो !"

"सहन में कुछ भी नहीं मिला," एक दारोगा ने आकर बताया।

"कैसे मिलेगा ?" अफ़सर ने कहा, "यहाँ एक अनुभवी आदमी है !"

माँ अफ़सर की ओर ग़ौर से देख रही थी और मन-ही-मन काँप रही थी। उसे लग रहा था कि सामान्य लोगों से नफ़रत करनेवाले ये रोबीले लोग कितने क्रूर हैं !

"नाखोद्का, हम तुम्हें गिरफ़्तार करते हैं," अफ़सर ने कहा।

"क्यों ?"

"तुम्हें बाद में मालूम हो जाएगा," अफ़सर ने कहा। फिर वह माँ की ओर मुड़ा, "तुम कुछ पढ़ना-लिखना जानती हो ?"

"नहीं, इसे नहीं आता," पावेल ने कहा।

"मैं तुमसे नहीं पूछ रहा हूँ !" अफ़सर ने कड़े स्वर में कहा, "बोलो, औरत !"

माँ इस आदमी के प्रति घृणा से अभिभूत थी। सहसा वह काँप उठी जैसे उसे ठंडे पानी में ढकेल दिया गया हो। उसने अपनी गर्दन ऊँची की। उसके चेहरे का निशान नीला पड़ गया और भौंहें आँखों पर झुक आईं। उसने अपना हाथ अफ़सर की ओर उठाकर कहा, "चिल्लाओ मत !"

"शान्त रहो, माँ !" पावेल ने कहा।

"रुको, पावेल," माँ चिल्लाती हुई मेज़ की ओर बढ़ी, और अफ़सर के पास जाकर बोली, "तुम इन्हें क्यों पकड़ रहे हो ?"

"ख़ामोश रहो, यह जानना तुम्हारा काम नहीं है ?" अफ़सर ने कहा, "निकोलाइ को भी गिरफ़्तार किया जाता है।...तुम अपना हैट तो उतारो !"

"ये मेरे हाथ पकड़े हुए हैं, मैं अपना हैट कैसे उतार सकता हूँ ?" निकोलाइ ने चिल्लाकर कहा।

काग़ज़ मेज़ पर फेंकते हुए अफ़सर ने कहा, "इस पर दस्तखत करो !"

वे दस्तखत करने लगे तो माँ की आँखों में बेबसी के आँसू आ गए।

"अपने आँसुओं को रोको, श्रीमती," अफ़सर ने कहा, "वर्ना भविष्य के लिए आँसू नहीं बचेंगे !"

माँ को फिर गुस्सा आया, "एक माँ के पास कभी आँसुओं की कमी नहीं होती ! तुम्हारी माँ होगी तो उसे यह ज़रूर मालूम होगा !"

अफ़सर ने काग़ज़ बैग में रखकर हुक्म दिया, "इन्हें ले चलो !"

"विदा, नाखोद्का ! विदा, निकोलाइ !" पावेल ने उनसे हाथ मिलाते हुए कहा।

अफ़सर ने हँसकर कहा, "इनसे तुम्हारी जल्दी ही मुलाक़ात होगी !"

नाखोद्का मुस्कुराया और माँ के कानों में कुछ फुसफुसाया। माँ ने उसके सीने पर अपनी उँगलियों से सलीब का निशान बनाया और कहा, "भगवान को मालूम है कि कौन सही है !"

वे चले गए तो पावेल ने किताबें सजाते हुए कहा, "देखा माँ, ये सब यही करते हैं।"

"वे आए और उन्हें लेकर चले गए," माँ ने अपने हाथों को एक-दूसरे में उलझाते हुए कहा, "उन्होंने तुम्हें मारा, बेटा ?"

"हाँ," पावेल ने कहा, "इससे तो अच्छा होता है वे मुझे भी उनके साथ ले जाते !"

माँ को लगा कि लड़के की आँखों में आँसू आ गए हैं। उसने एक ठंडी साँस ली और कहा, "घबराओ नहीं, वे तुम्हें भी ले जाएँगे।"

"वह तो मालूम है !"

“तुम्हारा कलेजा कितना सख़्त हो गया है, बेटा !” आख़िर माँ ने कहा, “तुम एक बार तो मुझे तसल्ली देते !”

पावेल माँ के पास आ गया। बोला, “माँ, तुम भी धीरे-धीरे इस सबकी अभ्यस्त हो जाओगी।”

“ओह ! जब वे लोगों को यातना पहुँचाते हैं, उनकी हड्डियाँ तोड़ते हैं।...ओह, यह सब कितना भयंकर है !”

9

पावेल का घर अब बस्ती के लोगों के आकर्षण का केन्द्र बन गया। अपरिचित मज़दूर भी पावेल के पास राय लेने आने लगे। कोई उसके पास आकर कहता, “भैया, तुम किताबें पढ़ते हो और क़ानून जानते हो, ज़रा मेरे मामले के बारे में समझा दो !”

यह मामला पुलिस या कारख़ाने के मालिकों की ज़्यादती से सम्बन्धित होता। पेंचदार मामलों में पावेल ख़ुद कोई राय न देकर शहर के अपने किसी परिचित वकील से राय लेने को कह देता और जिन मामलों को वह ख़ुद समझता, उनके विषय में ख़ुद राय दे देता !

धीरे-धीरे इस गम्भीर युवक का सम्मान बढ़ गया। लोग उसकी समझ और साहस की प्रशंसा करने लगे।

‘दलदल-कर’ के आन्दोलन के बाद तो पावेल की प्रतिष्ठा और बढ़ गई।

कारख़ाने के चारों ओर पानी जम जाने से दलदल बन गया था और उस पर तरह-तरह की झाड़ियों के उग जाने के कारण मच्छरों की भरमार हो गई थी। कारख़ाने के मालिकों ने इस दलदल को पाटने के लिए, मज़दूरों की स्वास्थ्य-रक्षा का बहाना बनाकर, उन पर प्रति रूबल एक कोपेक का कर लगा दिया। यह कर कारखाने के अफ़सरों पर नहीं लगा था। इसी बात को लेकर मज़दूर बिगड़ खड़े हुए।

जिस दिन इस कर के बारे में घोषणा हुई, उस दिन पावेल बीमारी की छुट्टी पर था। दूसरे दिन रविवार को उसके पास दो पुराने कारीगर,

सिम्मोव और माखोतिन आए और उससे पूछा कि क्या ऐसा कोई क़ानून है जिसके मातहत कारख़ाने के मालिक मज़दूरों से मच्छर भगाने का कर वसूल कर सकते हैं ?

पावेल ने बताया "ऐसा कोई भी क़ानून नहीं है। मालिक लोग दरअसल मज़दूरों के पैसों से दलदल साफ़ कराके वहाँ खेती कराना चाहते हैं। यह मज़दूरों के प्रति सरासर अन्याय है।"

दोनों कारीगर समझकर चले गए, तो माँ ने ख़ुशी से हँसकर कहा, "देखो, अब बूढ़े लोग भी तुम्हारी राय लेने लगे।"

कोई जवाब न देकर पावेल तुरन्त लिखने बैठ गया। थोड़ी देर बाद वह बोला, "माँ, तुमसे मैं एक निवेदन करना चाहता हूँ। तुम इस काग़ज़ को शहर में पहुँचा आओ।"

"यह कोई ख़तरनाक काग़ज़ है क्या ?" माँ ने पूछा।

"हाँ, जहाँ हमारा अख़बार छपता है, वहीं मैं तुम्हें भेज रहा हूँ। अगले अंक में ही यह 'दलदल-कर' की कहानी छप जानी चाहिए।"

"ठीक है, मैं अभी जाती हूँ।"

इस तरह का यह पहला काम था, जिसे बेटे ने माँ को सौंपा था। माँ ख़ुश थी कि उसने उसे सब ठीक-ठीक समझा दिया था।

रात को देर से लौटकर माँ ने बताया, "वहाँ सशा मिली थी। उसने तुम्हें नमस्ते कहा है। और वह इवानोविच तो बड़ा सरल स्वभाव का आदमी है, हर बात में मज़ाक करता है।"

"मुझे ख़ुशी है कि वे लोग तुम्हें अच्छे लगे," पावेल ने कहा।

तबीयत ठीक न होने के कारण सोमवार को भी पावेल कारख़ाने न जा सका। दोपहर की छुट्टी में माम्मिन दौड़ता हुआ उसके पास आया। वह उत्तेजना और ख़ुशी से हाँफ रहा था। उसने कहा "चलो सारे मज़दूर उठ खड़े हुए हैं। वे तुम्हें बुला रहे हैं। वे कह रहे हैं कि तुम मामले को बेहतर समझा सकते हो। चलो, तुम ख़ुद चलकर देखो कि वहाँ क्या हो रहा है।"

पावेल तुरन्त उठकर कपड़े पहनने लगा, तो माम्मिन ने बताया, "बस्ती की औरतें भी वहाँ इकट्ठी हो गई हैं और ख़ूब हल्ला मचा रही हैं।"

"मैं भी चलती हूँ," माँ ने कहा।

"चलो, तुम आगे-आगे चलो," पावेल ने कहा।

उत्तेजना के मारे माँ ठीक से साँस भी न ले पा रही थी। उसे लग रहा था कि कोई बहुत ही महत्त्वपूर्ण घटना घटने जा रही है। कारख़ाने के फाटक पर औरतों की भीड़ लगी हुई थी। वे हल्ला मचा रही थीं। वे तीनों अन्दर सहन में पहुँचे तो वहाँ उत्तेजित मज़दूरों की भीड़ गरज रही थी।

"पावेल आ गया !" भीड़ में से कोई चीख पड़ा।

"शान्त हो जाओ !" फिर कई ओर से आवाज़ें आईं।

पावेल और माखोतिन लोहे के ढेरों के ऊपर सिम्मोव के पास जा खड़े हुए। पावेल ने बोलना शुरू किया–

"साथियो !"

माँ ने जब देखा कि उसके बेटे का चेहरा पीला पड़ गया है और उसके होंठ काँप रहे हैं, तो वह उसके पास जाने को उतावली हो उठी। लेकिन भीड़ में से निकलकर वहाँ तक जाना बड़ा मुश्किल था। पावेल बोल रहा था–

"साथियो ! हमीं मज़दूरों ने चर्चों और कारख़ानों का निर्माण किया है, जो हमारे पाँवों की बेड़ियाँ और धन पैदा करते हैं। हमीं वह शक्ति हैं, जो सबको जन्म से लेकर मृत्यु तक भोजन देती हैं। हर जगह और हमेशा काम करनेवाले हम लोग हैं, लेकिन हमारी परवाह कौन करता है ? क्या हमें कोई इंसान भी समझता है ? कोई नहीं !"

"कोई नहीं !" भीड़ से प्रतिध्वनि हुई।

पावेल आगे बोला, "हमारी हालत तब तक नहीं सुधर सकती, जब तक हम सभी साथी अपने अधिकारों के लिए लड़ने को एकजुट नहीं हो जाते।"

"दलदल-कर के मामले पर आओ !" माँ के पास खड़े किसी आदमी ने कहा।

"तुम उसे टोको नहीं जी !" माँ ने कहा।

पावेल बोल रहा था, "हमारे लिए अब यह समझने का समय आ गया है कि केवल हमीं अपनी सहायता कर सकते हैं–एक के लिए सब

और सबके लिए एक–दुश्मन को पछाड़ने के लिए हमारा यही एक मन्त्र है। डायरेक्टर को बुलाओ !"

भीड़ पर से जैसे एक अन्धड़ गुजर गया। कई आवाज़ें चिल्ला उठीं, "डायरेक्टर को बुलाओ ! कुछ लोग जाकर उसे लाओ !"

माँ लोगों को ढकेलती हुई और आगे बढ़ गई। वह अपने बेटे को गर्व से देख रही थी, जिसकी बातों को सब पुराने-नए मज़दूर ध्यान से सुन रहे थे और उससे सहमत हो रहे थे।

"सिम्मोव, पावेल, राइबिन डायरेक्टर से मिलने जाएँ।" कई ओर से आवाज़ें आईं।

तभी एक शोर हुआ, "डायरेक्टर ख़ुद आ रहा है !"

ऊँचे कद, नुकीली दाढ़ी और लम्बे चेहरेवाले डायरेक्टर के लिए भीड़ ने रास्ता बना दिया। वह सीधी नज़र से देखते हुए, मज़दूरों से अपने अंगों को बचाते हुए आगे बढ़ा। मज़दूर अपना हैट उतार रहे थे, सिर झुका रहे थे, लेकिन वह किसी का भी जवाब न दे मनुष्यों के मालिक की तरह चलता रहा। वह लोहे के ढेर पर सिम्मोव और पावेल के आगे जा खड़ा हुआ ओर बोला, "यहाँ तुम लोग क्यों इकट्ठे हुए हो ? काम क्यों बन्द कर दिया ?"

कुछ क्षणों के लिए वहाँ सन्नाटा छा गया। लोगों के सिर हिले। सिम्मोव ने अपना हैट हवा में हिलाया, अपने कन्धों को उचकाया और सिर झुका लिया।

"मेरे सवाल का जवाब दो !" डायरेक्टर चिल्लाया।

पावेल इसके पास आया और ज़ोर से बोला, "हमारे साथियों ने सिम्मोव, राइबिन और मुझे यह अधिकार दिया है कि हम आपसे माँग करें कि आप दलदल-कर के आदेश को वापस ले लें।"

"क्यों ?" डायरेक्टर ने पूछा।

"क्योंकि यह कर अन्यायपूर्ण है !" पावेल ने ज़ोर से कहा।

"क्या तुम्हारा ख़्याल है कि दलदल को साफ़ करना मज़दूरों के स्वास्थ्य के हित में नहीं है ? क्या तुम्हारा ख़्याल है कि जो कर हमने लगाया है वह मज़दूरों का शोषण करना है ?"

"हाँ," पावेल ने कहा।

"क्या तुम्हारी भी यही राय है, राइबिन ?" डायरेक्टर ने राइबिन से पूछा।

"हम सबकी यही राय है," राइबिन ने कहा।

"और तुम्हारी क्या राय है, मेरे अच्छे आदमी ?" डायरेक्टर ने सिम्मोव से पूछा।

"मेरी भी यही राय है, आप हम पर यह कर न लगाएँ, यही ठीक रहेगा।"

डायरेक्टर ने एक नज़र भीड़ पर डाली और अपने कन्धे उचकाए। फिर पावेल को घूरकर देखते हुए बोला, "तुम कुछ पढ़े-लिखे मालूम देते हो, क्या तुम भी यह नहीं समझ सकते कि दलदल पट जाने से मज़दूरों को फ़ायदा होगा ?"

पावेल ने सबको सुनाते हुए जवाब दिया, "अगर कारख़ाना अपने खर्च से यह काम करे तो इसे हम फ़ायदेमन्द समझ सकते हैं।"

"कारख़ाना कोई धर्मशाला नहीं है," डायरेक्टर ने रुखाई से कहा, "मेरा यह हुक्म है कि तुम लोग काम पर जाओ !"

कहकर वह लोहे के ढेर पर से उतरने लगा। भीड़ में असन्तोष की लहर दौड़ गई।

"यह क्या है ?" डायरेक्टर ने रुककर पूछा।

"जाओ, तुम्हीं काम करो !" सिर्फ़ किसी एक आदमी की आवाज़ सुनाई दी।

"अगर तुम लोग पन्द्रह मिनट के अन्दर काम पर नहीं लौट जाते तो मैं जुर्माने का हुक्म दूँगा !"

कहकर वह भीड़ में से होकर जाने लगा तो एक शोर उठा।

"उसे रोककर बात करो !"

"हमारे लिए यही न्याय है? हमारी भी क्या ज़िन्दगी है !"

लोग पावेल की ओर मुड़े और पूछने लगे, "क्यों तीसमार खाँ, अब हम क्या करें ?"

"तुमने भाषण ख़ूब दिया ! लेकिन जब मालिक सामने आया तो क्या फल मिला ?"

"बोलो, पावेल, हम अब क्या करें ?"

"मेरा प्रस्ताव है कि उस समय तक काम पर कोई भी वापस न जाए जब तक कि इस कर का आदेश वापस नहीं लिया जाता।" पावेल ने कहा।

"क्या तुम हमें मूर्ख समझते हो ?"

"इसका मतलब यह हुआ कि हम हड़ताल करें !"

"मामूली कुछ कोपेकों के लिए ?"

"हड़ताल क्यों न की जाए ?"

"वे हमें गोली से उड़ा देंगे !"

"कारख़ाने का काम कौन करेगा ?"

"कितने ही दूसरे मज़दूर आ जाएँगे !"

"गद्दार !"

10

लोहे के ढेर पर से उतरकर पावेल माँ के पास आ गया। भीड़ बौखला उठी थी। हर आदमी उत्तेजित होकर चिल्ला रहा था और बहस कर रहा था।

"तुम कभी भी हड़ताल नहीं करा सकते," राइबिन ने पावेल के पास आकर कहा, "ये कायर और लोभी लोग हैं। तीन सौ से ज़्यादा मज़दूर तुम्हारा साथ नहीं देंगे। अभी इनमें बहुत काम करने की ज़रूरत है।"

पावेल ख़ामोश था। भारी भीड़ उसके सामने खड़ी थी और उससे जाने कैसी-कैसी माँग कर रही थी। वह आतंकित हो उठा। उसे लगा कि उसके शब्दों का कोई भी प्रभाव शेष नहीं रह गया था।

वह घर की ओर लौटा तो बेहद थका और पराजित महसूस कर रहा था। माँ और सिम्मोव उसके पीछे-पीछे चल रहे थे। राइबिन उसके साथ-साथ चलते हुए कह रहा था, "तुम बहुत अच्छा बोलते हो, लेकिन मर्म को नहीं छूते। यहाँ तर्कों से काम चलनेवाला नहीं, दिलों में आग लगाने की ज़रूरत है।"

सिम्मोव माँ से कह रहा था, "हमारा अब मर जाना ही बेहतर है, पेलागिया ! अब तो नई तरह के जवान आ गए हैं। हमारी और तुम्हारी कैसी ज़िन्दगी थी। मालिकों के सामने रेंगना और सिर पटकना। लेकिन आज देखा तुमने, डायरेक्टर से लड़कों ने किस तरह सिर उठाकर, बराबर की तरह, बात की !...अच्छा, पावेल, मैं फिर तुमसे मिलूँगा। अब इजाज़त दो।"

वह चला गया तो राइबिन बोला, "लोग केवल शब्दों को नहीं सुनेंगे, पावेल, हमें यातना झेलनी होगी, अपने शब्दों को ख़ून में डुबोना होगा !"

पावेल उस दिन देर तक अपने कमरे में परेशान टहलता रहा। थका, उदास, उसकी आँखें ऐसे जल रही थीं जैसे वे किसी चीज़ की खोज में हों।

माँ ने पूछा, "क्या बात है, बेटा ?"

"सिर में दर्द है।"

"तो लेट जाओ। मैं डॉक्टर को बुलाती हूँ।"

"नहीं, कोई ज़रूरत नहीं है।...दरअसल मैं अभी बहुत छोटा और कमज़ोर हूँ। लोग मेरी बातों पर विश्वास नहीं करते, मेरे काम को अपना काम नहीं समझते।"

"थोड़ा इन्तज़ार करो, बेटा," माँ ने बेटे को सान्त्वना देते हुए कहा, "लोग जो आज नहीं समझते कल समझ जाएँगे !"

"वह तो समझना ही होगा, माँ !"

"मैं तो तुम्हारी बातें समझती हूँ, बेटा।"

पावेल माँ के पास आकर बोला, "माँ, तुम तो अद्भुत हो !"

उस रात पुलिस का दल फिर उसके घर पर आ धमका और तलाशी लेने लगा।

"आज ये मुझे ले जाएँगे, माँ," किसी तरह मौका निकालकर पावेल ने माँ से कह दिया।

"हाँ," माँ ने भी धीरे से सिर झुकाकर कहा।

माँ सोच रही थी कि आज जो भाषण उसके लड़के ने दिया है, उसी के कारण पुलिस उसे जेल में डाल देगी। तब क्या मज़दूर यह नहीं

सोचेंगे कि वह उन्हीं के कारण जेल गया है, उसे छुड़ाने के लिए आन्दोलन करना चाहिए ? वह चाहती थी कि इस समय बेटे को अपने अंक मे भरकर रो ले। लेकिन अफ़सर उसके पास ही खड़ा था और आँखें सिकोड़कर उसी की ओर देख रहा था। माँ को लगा कि अफ़सर जैसे उसके रोने, रिरियाने और विनती करने का ही इन्तज़ार कर रहा हो। वह उसे यह अवसर न देना चाहती थी। उसने अपना साहस बटोरा और लड़के का हाथ पकड़कर कहा, "विदा, बेटा ! तुमने ज़रूरत की सब चीज़ें ले ली हैं ?"

"हाँ, माँ। दुखी मत होना।"

"भगवान तुम्हारे साथ रहें, बेटा !"

पावेल को लेकर वे चले गए, तो माँ बेंच पर बैठकर सिसकने लगी। उसे अपने बेटे का पीला चेहरा, छोटी-छोटी मूँछें, लम्बी-लम्बी आँखें जैसे परेशान करने लगीं और एक झटके से हृदय की सारी पीड़ा उबलकर आँखों में आ गई। वह फूट-फूटकर रोने लगी और उसके सीने में उन लोगों के प्रति घृणा और कटुता का काला बादल छा गया, जिन्होंने एक बेटे को एक माँ से सिर्फ़ इसलिए छीन लिया था कि बेटा न्याय चाहता था।

सुबह राइबिन ने आकर पूछा, "वे उसे ले गए ?"

"हाँ, वे दोज़ख में जाएँ !" माँ ने कहा।

"मेरे घर भी रात तलाशी हुई। सब कुछ इधर-उधर करके रख दिया। लेकिन मेरा खास नुकसान नहीं हुआ। डायरेक्टर आँख मारता है और पुलिस सिर झुकाती है और हमारा एक आदमी और चला जाता है। एक लोगों को सींग से पकड़ता है और दूसरा दूध निकालता है, समझी ?"

"तुम्हें पावेल का पक्ष लेना चाहिए ? उसने सबके लिए यह सज़ा मोल ली है !" माँ ने सुबककर कहा।

"उँह ! तुम बड़ी भोली हो ! कौन किसकी परवाह करता है यहाँ ?"

वह चला गया तो माँ यह सोचकर काँप उठी कि पुलिस उसके बेटे को पीटेगी, उसके शरीर से खून बहेगा...

11

माँ ने दो रातें आँखों में ही काट दीं। उसे आशा थी कि कोई-न-कोई उसके पास ज़रूर आएगा। तीसरा दिन भी बीत गया। रात आ गई। ठंडी बारिश हो रही थी और हवा के झोंके दीवार से टकरा रहे थे कि अचानक दरवाज़े पर ठक-ठक की आवाज़ हुई। कन्धों पर शाल डालकर माँ उठी और उसने दरवाज़ा खोला।

सामोइलोव अन्दर आया। उसके पीछे-पीछे एक आदमी और आया जिसका मुँह कोट के उठे हुए कालरों और भौहों तक खिंची हुई टोपी से ढँका था।

सामोइलोव के साथी ने एक हाथ से टोपी उतारी और दूसरा हाथ माँ की ओर बढ़ाते हुए कहा, "नमस्ते, माँ ! तुम्हें मेरी याद है ?"

"ओह, यह तुम हो !" ख़ुशी से चौंककर माँ बोली, "इवानोविच ! कमरे में चलो !"

"इवानोविच आज ही जेल से छूटकर आए हैं," सामोइलोव ने बताया, "नाखोद्का और पावेल ने तुम्हें अभिवादन भेजा है और कहा है कि तुम परेशान न होना।"

"उस दिन उनचास साथी गिरफ़्तार हुए थे," इवानोविच ने कहा, "कुछ और भी गिरफ़्तार हो सकते हैं। लेकिन इस बीच हमारे पर्चों का बँटना बन्द नहीं होना चाहिए, असल बात यह है ?"

"क्या मतलब ?" माँ ने डरकर पूछा।

"अगर पर्चों का बँटना बन्द हो गया तो अधिकारी यह इल्ज़ाम लगाएँगे कि पावेल और उसके साथी ही पर्चे बाँटते थे, देखो, उन्हें जेल भेज दिया गया तो पर्चे बँटने बन्द हो गए। समझी ?"

"हाँ," माँ ने सिर हिलाकर कहा, "लेकिन हम क्या कर सकते हैं ?"

"उन्होंने यहाँ के सभी साथियों को पकड़ लिया," सामोइलोव ने कहा, "हमें अपने काम के लिए ही नहीं बल्कि साथियों को बचाने के लिए भी पर्चे बाँटने जारी रखने होंगे।"

"लेकिन बाँटनेवाला कोई है नहीं," इवानोविच ने जोड़ा, "हमारे

पास बहुत अच्छा साहित्य है, लेकिन...''

''वे कारख़ाने के फाटक पर हर मज़दूर की तलाशी लेते हैं।''

''फिर यह काम कैसे होगा, कैसे ?'' माँ ने पूछा।

''मारिया से तुम्हारा परिचय है न, माँ ?''

''है तो लेकिन...''

''उससे बात करके देखो, शायद वह पर्चे कारख़ाने में ले जा सके।''

''नहीं,'' माँ ने सिर हिलाया, ''वह बड़ी बातूनी है, वह बता देगी। तुम पर्चे मुझे दो, मैं इन्तज़ाम करूँगी। सब ठीक से हो जाएगा। मैं उन्हें दिखा दूँगी कि पावेल के हाथ जेल से कारख़ाने तक कैसे फैले हुए हैं !''

इवानोविच ने अपनी हथेलियाँ रगड़कर कहा, ''बहुत ख़ूब, माँ ! यह एक बड़ा ही ज़बर्दस्त काम होगा, अद्‌भुत ! तुम इस संसार में सबसे सुन्दर हो, माँ !''

माँ मुस्कुराई। उसकी समझ में आ गया था कि पर्चे उसके बेटे की अनपुस्थिति में भी बँटते रहेंगे तो वे उसके बेटे को पर्चे बाँटने के अपराध में नहीं फँसा सकते।

''और पावेल के लिए परेशान न होना, माँ,'' इवानोविच ने कहा, ''उसे वहाँ आराम करने और पढ़ने का ख़ूब समय मिलेगा। मैं तीन बार हो आया हूँ, मैं सब जानता हूँ। ख़ैर, कल पर्चे तुम्हारे पास आ जाएँगे, माँ। अब हमें विदा दो।''

अगले दिन सुबह ही माँ मारिया के यहाँ पहुँची। मारिया ने बड़ी सहानुभूति से उसका स्वागत किया और बोली, ''दुखी मत होओ ! पावेल मज़दूरों की भलाई के लिए ही जेल गया है, यह सब जानते हैं और उसके प्रति कृतज्ञ हैं।...''

''तुम अपनी मदद के लिए मुझे अपने साथ रख लो,'' माँ ने कहा।

''क्यों ?...ठीक है-ठीक है,'' मारिया ने तुरन्त समझकर कहा, ''तुम्हारी मदद करना हम-सबका फर्ज़ है। तुम्हें भी तो हमारे ही कारण तकलीफ़ उठानी पड़ रही है !''

12

दूसरे दिन मारिया ने दो टोकरियाँ सजाकर माँ से कहा, "तुम कारख़ाने जाओ, मैं बाज़ार में अपना खोमचा लगा लूँगी।"

दोपहर की छुट्टी हुई तो मज़दूरों ने नई खोमचेवाली को देखा। उन्होंने सिर हिलाकर कहा, "ठीक है, पेलागिया, पेट तो पलना ही चाहिए।"

सबको उसके प्रति सहानुभूति थी। कई तो डायरेक्टर को गाली दे रहे थे, जिसके कारण पावेल जेल में ठूँसा गया था और बेचारी उसकी माँ को खोमचा लगाना पड़ा था।

कारख़ाने में शान्ति नहीं थी। मज़दूर टोलियों में खड़े फुसफुसाकर बातें कर रहे थे। परेशान फोरमैन उन्हें बार-बार कोंच रहे थे।

सामोइलोव को पकड़कर दो सिपाही ले जाने लगे, तो मज़दूर सिपाहियों के पीछे पड़ गए और उन्हें चिढ़ाने लगे।

"मालूम होता है आजकल चोरों को पकड़ने में तुम लोगों को कोई फ़ायदा नहीं होता, इसलिए तुम लोग ईमानदार लोगों को पकड़ने लगे हो !"

सामोइलोव ने माँ की ओर देखकर सिर हिलाया।

किसी मज़दूर ने कहा, "ये जवान हमारी प्रतिष्ठा बढ़ा रहे हैं, आओ हम इसे विदा दें !"

मज़दूरों ने सामोइलोव को सलाम किया। सामोइलोव ने मुस्कुराकर उनका जवाब दिया। माँ यह दृश्य देखकर बहुत प्रभावित हुई ! ये ईमानदार, गम्भीर युवक कैसे मुस्कुराते हुए जेल जाते हैं !

रात को माँ बड़ी बेचैनी से इन्तज़ार करने लगी। रात बीती जा रही थी और अभी तक कोई पर्चे लेकर नहीं आया था। आख़िर दरवाज़े पर खटखटाहट हुई तो उसने चट जाकर दरवाज़ा खोला।

"नमस्ते माँ !"

"ओ ! सशा तुम ! तुम कहाँ थी इतने दिनों ?" माँ उसे अन्दर ले जाती हुई बोली।

"जेल में थी।...खैर, मैं पर्चे लाई हूँ।"

"लाओ दो, जल्दी दो, बेटी !" माँ ने उत्सुक होकर कहा।

सशा ने अपना कोट उतारा तो पर्चे भरभराकर नीचे गिर पड़े। माँ ख़ुशी से हँसकर उन्हें समेटते हुए बोली, "मैं भी कहूँ, तुम इतनी मोटी कैसे दिखाई दे रही हो ! मालूम होता था कि तुम गर्भवती हो !"

सशा हँस पड़ी। बोली, "मुझे पावेल के बारे में बताओ ! जेल जाते समय वह परेशान तो न था ?"

"नहीं, वह घबरानेवाला नहीं है," माँ ने बताया।

"उसका स्वास्थ्य ठीक था ?"

"हाँ," माँ ने ग़ौर से सशा की ओर देखकर कहा, "लेकिन तुम्हें

क्या हो गया है ? तुम तो बहुत दुबली हो गई हो। तुम्हारी आँखें गढ़े में धँस गई हैं। तुम आराम क्यों नहीं करतीं ?''

''काम तो होना ही है, माँ !'' सशा ने कहा, ''तुम चिन्ता मत करो।'' तभी दरवाज़े पर कोई आवाज़ हुई। माँ उधर जाने को हुई तो सशा फुसफुसाहट में बोली, ''दरवाज़ा मत खोलो शायद पुलिसवाले हों। सुनो, वे पुलिसवाले हों तो तुम उनसे कहना कि यह कोई अपरिचित लड़की है। ठंड के मारे बेहोश होकर दरवाज़े पर गिर पड़ी थी। इसे मैं अन्दर ले आई तो ये पर्चे इसकी कोट से गिरे मिले। समझी ?''

''ओ मेरी प्यारी बच्ची ! ऐसा मैं क्यों कहूँगी ?'' माँ ने मर्माहत होकर कहा।

''सुनो ! खटखटाहट को मुझे ठीक से सुनने दो !'' सशा ने दरवाज़े की ओर बढ़ते हुए कहा।

''ओह ! यह तो इवानोविच हैं !'' कहते हुए उसने दरवाज़ा खोल दिया।

यह इवानोविच ही था। थकान के कारण हाँफ रहा था। वह कोट उतारते हुए बोला, ''माँ, इस नन्हीं महिला से अधिकारी बहुत नाराज़ हैं। जब यह जेल में थी, जेलर ने इसके साथ बदसलूकी की। फिर क्या था, इसने भूख-हड़ताल कर दी। जेल में हड़कम्प मच गई। आठ दिन तक इसने हड़ताल जारी रखी तो आख़िर जेलर ने इससे माफ़ी माँगी। देख रही हो, इसकी देह कितनी टूट गई है।''

''अच्छा, अब मैं विदा लूँगी,'' सशा ने अपनी कोट उठाते हुए कहा।

''नहीं, आज रात यहीं आराम करो,'' माँ ने उसकी कोट पर हाथ रखते हुए कहा।

''नहीं, माँ, इसे जाने दो,'' इवानोविच ने कहा, ''इसका यहाँ रहना निरापद नहीं है।''

सशा चली गई तो इवानोविच ने माँ से पूछा, ''तुम किसकी बेटी हो, माँ ?''

''सेरेगिन की,'' माँ ने अचकचाकर उसकी ओर देखा, ''क्यों ?''

''मैं इवान का बेटा हूँ, माँ,'' इवानोविच ने पूछा, ''तुम्हें कुछ याद है ?''

“ओह, वे तो हमारे पड़ोसी थे !” माँ ख़ुशी से चिल्ला उठी।

फिर तो उनके बीच हज़ारों सवाल-जवाब शुरू हो गए।

“यह सशा कौन है ?” माँ ने फिर पूछा।

“यह देहात के एक सूअर रईस की बेटी है।”

“ओह !” माँ ने एक ठंडी साँस लेकर कहा, “बेचारी कितनी मेहनत करती है !”

“जेल ने इसे तोड़ दिया है, माँ” इवानोविच ने कहा, “मुझे डर है कि कहीं इसे टी.बी. न हो गई हो।...तुम्हें मालूम है, ये शादी करनेवाले थे ?”

“कौन ?” उत्सुक होकर माँ ने पूछा।

“पावेल और सशा” हँसकर इवानोविच ने कहा, “लेकिन शादी कैसे हो ? जब वह जेल के बाहर रहता है तो यह जेल के अन्दर रहती है, और जब यह बाहर रहती है, तो वह...”

“मुझे मालूम नहीं था,” माँ ने कहा, “पावेल अपने बारे में बात नहीं करता। जो हो, यह लड़की मुझे बहुत अच्छी लगती है। मुझे इसके लिए बड़ा अफसोस है।”

“हमारी ज़िन्दगी ही ऐसी है, माँ”, इवानोविच ने कहा, ‘ख़ैर, अब तुम मुझे यह बताओ कि अगर पर्चे तुम्हारे पास पकड़ लिए जाएँगे, तो तुम क्या कहोगी ?”

“मैं...मैं कहूँगी कि यह पूछना तुम्हारा काम नहीं है।”

“नहीं, इससे तो काम न चलेगा, पूछना तो उनका काम है ही। वे तुमसे फिर भी पूछेंगे, बराबर पूछते रहेंगे और...”

“मैं नहीं बताऊँगी !”

“वे तुम्हें जेल में डाल देंगे।”

“तो क्या हुआ ?” माँ ने कहा, “मैं किसी काम तो आऊँगी। मैंने सुना है कि वे औरतों को यातना नहीं पहुँचाते।”

“यह तो है, लेकिन माँ, यह बड़ा ही कठिन काम है। तुम्हारे लिए..”

“सबके लिए यह काम कठिन है,” माँ ने कहा, “जो इस काम का महत्त्व समझते हैं, उनके लिए यह काम कुछ आसान हो सकता है। मैं

भी तो धीरे-धीरे समझ रही हूँ।''

दूसरे दिन दोपहर को कन्धों पर दो-दो टोकरियाँ सँभाले माँ कारखाने के फाटक पर पहुँची। दो चौकीदार फाटक पर मज़दूरों की तलाशी ले रहे थे। मज़दूर नाक-भौं सिकोड़ते थे और गाली बकते थे। एक ओर एक सिपाही खड़ा था और दूसरी ओर एक लम्बी-लम्बी टाँगों, लाल मुँह और छोटी-छोटी तेज़ आँखोंवाला आदमी खड़ा था। माँ ने उस आदमी को कनखियों से देखा और समझ गई कि वह खुफिया का आदमी था।

''अरे शैतानो, तुम हमारी जेब की तलाशी क्या ले रहे हो, हमारे दिमाग़ की तलाशी लो !'' एक मज़दूर ने चिढ़कर कहा।

''मुझे अन्दर जाने दो,'' माँ ने कहा, ''ओह, बोझ के मारे मेरी कमर टूट रही है।''

''जाओ, जाओ !'' चौकीदार ने चिढ़कर कहा, ''औरतों की गाली मैं बरदाश्त नहीं कर सकता !''

अपनी जगह पर जाकर माँ ने टोकरियाँ उतारीं और चेहरे का पसीना पोंछा।

दो मिस्त्रियों ने तुरन्त उसके पास आकर पूछा, ''तुम्हारे पास पिरोगी है ?''

''कल दूँगी,'' माँ ने जवाब दिया।

ये संकेत-शब्द थे। दोनों मिस्त्रियों के चेहरे ख़ुशी से खिल उठे।

''माँ ! हमारी अच्छी माँ !''

एक मिस्त्री टोकरी पर झुका और उसने पर्चों का बंडल निकालकर तुरन्त अपनी फतुही के हवाले कर दिया।

माँ ने चारों ओर चौकन्नी दृष्टि से देखते हुए आवाज़ लगाई, ''गरम सूप...''

दूसरे मिस्त्री ने भी झुककर पर्चों का एक बंडल उठाकर अपनी लम्बी बूट में छिपा लिया।

मज़दूर अपना-अपना कटोरा लेकर माँ के इर्द-गिर्द आ बैठे।

''तुम कोई चिन्ता न करो, माँ !'' एक मज़दूर ने कहा, ''तुम्हारे रोटी कमानेवाले को उन्होंने जेल में डाल दिया तो क्या हुआ। हम तो

हैं ! लो तीन कोपेक का मुझे दो।"

"शुक्रिया, बेटा !" कहकर माँ ने फिर आवाज़ लगाई।

माँ सोच रही थी कि ऐसे काम का अपना पहला अनुभव वह अपने बेटे को कैसे सुनाएगी ! पंछी की तरह उसका मन इस समय चहचहा रहा था।

13

उसी रात नाखोद्का जेल से छूटकर आया तो माँ उससे लिपटकर रोने लगी, "मेरा पावेल कहाँ है ?"

"वह जल्दी ही छूटकर आ जाएगा, प्यारी माँ, तुम रोओ नहीं।" उसकी पीठ थपथपाते हुए नाखोद्का ने कहा, "पावेल बिल्कुल ठीक-ठाक है। उसने तुम्हें अभिवादन भेजा है। तुम मुझे चाय दो और अपना हाल-चाल सुनाओ !"

"बताती हूँ, बताती हूँ !" माँ सब कुछ भूलकर आज का अनुभव उसे सुनाने लगी। सुनाकर वह हँसने लगी तो नाखोद्का ने उसकी पीठ ठोंकते हुए कहा, "वाह, माँ वाह ! पावेल सुनेगा तो कितना ख़ुश होगा !"

"मुझे लगता है कि ज़िन्दगी में पहला यह कोई काम किया है, बेटा," माँ उत्तेजित होकर बोली, "जब मैं अपनी पहली ज़िन्दगी के बारे में सोचती हूँ...मैं क्या थी, क्या करती थी ? घर के काम और आदमी की मार ! एक डर के सिवा मेरी ज़िन्दगी में क्या था ?...लेकिन अब, अब जैसे मेरी ज़िन्दगी ही बदल गई है। डरती अब भी हूँ, लेकिन यह एक दूसरी तरह का डर है, यह सबके लिए डर है। मेरी आँखें अब खुल गई हैं। मैं अब दुखी भी होती हूँ और ख़ुश भी। मैं अब अपने ही बारे में नहीं दूसरों के बारे में भी सोचती हूँ..."

दूसरे दिन दोपहर को टोकरियाँ सँभाले माँ कारख़ाने के फाटक पर पहुँची तो एक चौकीदार ने उसे रोक लिया। उसकी जामा-तलाशी लेते हुए वह बोला, "उतारो टोकरियाँ !"

"सब ठंडा हो जाएगा, भैया !" माँ ने विनती की, "मुझे जाने दो।"

"जाने दो इसे भाई," दूसरे चौकीदार ने कहा, "पर्चे तो चारदीवारी से फेंके गए थे।"

वह तेज़ी से अन्दर घुस गई। टोकरियाँ अभी उतारी ही थीं, कि बूढ़ा सिम्मोव उसके पास आ गया। बोला, "तुमने कुछ सुना है ?"

"क्या ?"

"कल पर्चे फिर आ गए। मेरे भतीजे फ्योदोर को वे पकड़ ले गए। तुम्हारे बेटे को पकड़ ले गए। क्यों ? उनका ख़्याल था कि वे ही पर्चे बाँटते थे। अब बताएँ न कि पर्चे कहाँ से आ गए ! मैं कल तुम्हारे पास आऊँगा।" कहकर वह चला गया।

कारख़ाने में आज हर आदमी उत्तेजित था। मज़दूर इकट्ठे होते और अलग-अलग हो जाते। मालिक लोग इधर-उधर दौड़ते नज़र आ रहे थे। परेशान मालूम पड़ते थे। सिपाही भी इधर-उधर दौड़ रहे थे।

"उन्हीं मिस्त्रियों में से एक आकर माँ के पास बैठ गया। बोला, "तुम बहुत अच्छा खाना लाती हो, माँ, एक प्लेट तो दो !" फिर फुसफुसाकर बोला, "बहुत अच्छा, माँ ! ख़ूब चोट लगी है सालों को !"

तीन-चार मज़दूर पास ही खड़े होकर बातें कर रहे थे।

"मुझे पर्चा नहीं मिला।"

"मुझे तो पढ़ना नहीं आता, लेकिन कोई पढ़े तो सुनना ज़रूर चाहता हूँ।"

"मज़दूरों में खलबली मच गई है।"

"अब कुछ होकर रहेगा !"

वे चले गए तो मिस्त्री ने कहा, "देखा माँ, क्या हो रहा है !

माँ घर लौटी तो बहुत ख़ुश थी। नाखोद्का को सब सुनाकर उसने कहा, "मज़दूर अफ़सोस कर रहे थे कि उन्हें पढ़ना नहीं आता। मैंने बचपन में कुछ पढ़ा था, लेकिन अब तो सब भूल गई।"

"क्यों नहीं फिर पढ़ती हो ?" नाखोद्का ने पूछा।

"अब, इस उम्र में ? क्या मज़ाक करते हो !"

लेकिन नाखोद्का एक किताब उठा लाया और उसे खोलकर माँ से कहा, "यह कौन-सा अक्षर है, पहचानो तो।"

"र," मुस्कुराती, शरमाती माँ बोली।

"और यह ?"

"अ," क्या तुम सचमुच मुझे पढ़ाना चाहते हो बेटा ?"

"क्यों नहीं ? तुम तो बहुत जल्दी पढ़ना सीख जाओगी, माँ !"

उस दिन से जब भी फुर्सत मिलती नाखोद्का माँ को पढ़ाने लगा। कभी-कभी किताबों से या पर्चों से वह उसे कुछ पढ़कर सुनाता और समझाता भी।

दिन इसी तरह बीतते गए। हर रोज़ कोई-न-कोई नई घटना घटती। लेकिन, माँ अब किसी भी घटना से डरती नहीं थी। इस बीच एक बार वह जेल जाकर पावेल से मिल भी आई थी और संकेत में ही वह सब कुछ बता आई थी जो वह कर रही है। पावेल बहुत ख़ुश हुआ था।

एक दिन रात को शहर से एक नई लड़की नाखोद्का के लिए एक पैकेट लेकर आई। वह जाने लगी तो माँ उसे दरवाज़े तक छोड़ने गई।

"विदा, साथी !" लड़की ने हाथ हिलाकर कहा और अँधेरे में गुम हो गई !

'साथी' शब्द अपने लिए माँ ने पहली बार सुना था। जैसे उसके सारे शरीर में सनसनाहट दौड़ गई। आज उसे पहली बार यह लगा कि इन लोगों ने उसे अपने में शामिल कर लिया है। वह बार-बार इस शब्द को अपने मुँह में बड़ी देर तक गुनगुनाती रही।

अब वह बहुत कुछ समझने लगी थी। ज़िन्दगी के दुखों के सही कारणों को जान लेने के बाद उसे लगा था कि सब कुछ कितना आसान है। उसके घर फिर रात को बैठकें होने लगी थीं। कितने ही नए साथी आने लगे थे। वह उनकी बातें बड़े ध्यान से सुनती।

14

मई-दिवस के पहले पावेल जेल से छूटकर आ गया और साथियों के साथ मई-दिवस समारोह की तैयारियों में जुट गया। मई-दिवस के

महत्त्व के विषय में कितने ही पर्चे कारख़ाने और बस्ती में बाँटे गए। मज़दूरों में एक ज़बर्दस्त उत्साह दिखाई देने लगा। बड़ी-बड़ी रात तक बैठकें होतीं और योजना पर बहस होती।

एक बैठक के बाद जब रात को सशा जाने लगी तो पावले उसे छोड़ने दरवाज़े पर गया। माँ ने उसकी बातें रसोई से सुनीं।

सशा ने पूछा, "जुलूस में झंडा लेकर आगे-आगे तुम चलोगे ?"

"हाँ, यह तो तय हो चुका है," पावेल ने जवाब दिया।

"फिर जेल जाओगे ?"

पावेल ने जवाब न दिया, तो सिसककर सशा बोली, "किसी दूसरे को झंडा लेकर..."

"नहीं, यह नहीं हो सकता !" पावेल ने दृढ़ता के साथ कहा।

"मेरी बात पर विचार करो,," सशा ने फिर भी कहा, "तुम और नाखोद्का को बाहर ही रहना चाहिए। तुम लोग बाहर ज़्यादा काम कर सकते हो।"

"नहीं, यह काम तो मुझे करना ही होगा !" पावेल ने फिर भी कहा।

"अगर मैं मना करूँ तो भी ?"

"तुम्हें ऐसा कोई अधिकार नहीं है," पावेल ने रुखाई के साथ कहा।

"मैं एक लड़की हूँ..."

"अद्भुत लड़की हो तुम !" पावेल ने नर्म होकर कहा, "तुम्हें मैं बहुत चाहता हूँ, क्या इसी कारण तुम्हें ऐसा करना चाहिए ?"

"अच्छा, विदा !" सशा ने कहा और चली गई।

पावेल लौटकर आया तो माँ ने पूछा, "तुम क्या करना चाहते हो ?"

"कब ?" पावेल ने पूछा।

"मई-दिवस पर।"

"मैं झंडा लेकर मई-दिवस के जुलूस का नेतृत्व करूँगा।...हो सकता है, इस कारण वे मुझे फिर पकड़कर जेल..."

माँ का लटका हुआ मुँह देखकर वह आगे बोला, "तुम्हें तो ख़ुश

होना चाहिए माँ, न कि दुखी !"

"मैं तो कुछ नहीं कहती, बेटा !" माँ ने सूखे गले से कहा।

"ओह ! वैसी माएँ कब होंगी जो अपने बेटे को मुस्कुराते हुए फाँसी के फन्दे पर भेजेंगी !"

"ओ-हो !" नाखोद्का ने सुना तो बोल उठा, "रहने दो, रहने दो, उसे चोट पहुँचाने से तुम्हें क्या मिलेगा ?"

"ऐसी बात कहने का तुम्हें कोई अधिकार नहीं है।" पावेल ने कहा।

"वाह रे मूर्ख !" नाखोद्का ने फिर कहा, "तुम्हें माँ से यह सब कहने की आख़िर ज़रूरत क्या है ?"

"आदमी को दृढ़ता से अपनी बात कहनी चाहिए !"

"माँ से भी ?"

"हाँ, सबसे ! मैं ऐसे प्यार और दोस्ती को नापसन्द करता हूँ जो मेरे पाँवों में बेड़ी डाल दे !"

"वाह रे बहादुर ! यह सब कहना है तो जाकर सशा से कहो !"

"उससे भी मैं कह चुका हूँ !"

"सच ? मैंने तुम्हारी बातें नहीं सुनीं, फिर भी इतना कह सकता हूँ कि तुमने सशा से ये बातें बड़े प्यार और नर्मी से कही होंगी ! लेकिन माँ से तुम बड़े ही बहादुराना स्वर में बातें कर रहे हो ?"

माँ ने अपने आँसू पोंछ लिए और तुरन्त रसोई में उलझ गई, ताकि नाखोद्का कोई बड़ी बात पावेल को न सुना दे।

माँ यों ही कह रही थी, "हर चीज़ बदलती जा रही है। लोगों का मिजाज़ गर्म हो रहा है और मौसम में ठंडक आ रही है...आजकल मई के महीने में तो पहले दिन गर्म हुआ करते थे।"

"सुना तुमने ?" नाखोद्का ने पावेल से कहा, "समझ पैदा करो, समझ ! यह बूढ़ी तुमसे कहीं ज़्यादा समझदार है !"

"चाय बनाऊँ ?" माँ ने उन्हें बहलाने के लिए पूछा और कहा, "ओह, आज कितनी ठंड है।"

पावेल ने सिर झुका लिया और एक अपराधी की तरह माँ के पास जाकर कहा, "माफ कर दो, माँ ! मैं अभी बिल्कुल लड़का हूँ, मूर्ख !"

"जाओ, जाओ," माँ सिर हिलाकर चीख उठी, "मुझसे एक शब्द भी मत बोलो ! यह भगवान को भी मालूम है कि तुम्हारी ज़िन्दगी तुम्हारी अपनी ही है और तुम जो चाहो उसके साथ कर सकते हो ! जाओ, मुझे अकेले छोड़ दो ! लेकिन एक माँ अपने बेटे को प्यार करना कैसे छोड़ देगी ? वह प्यार करेगी ही।...मैं तो तुम सबको प्यार करती हूँ ! अगर मैं तुम लोगों का ध्यान न रखूँगी तो और कौन रखेगा ! तुम सब जेल चले जाओ ! आगे-आगे तुम और तुम्हारे पीछे सब ! और सब काम अपने पीछे छोड़ जाओ। वाह रे पाशा !"

"ठीक है, माँ," पावेल ने विनती की, "अब मैं समझ रहा हूँ। मुझे माफ कर दो !"

माँ उसके सामने से हट गई और नाखोद्का से बोली, "बेटा, तुम तो उससे बड़े हो। उसे मत डाँटो।"

"तुम डाँटने की बात करती हो, माँ ! नाखोद्का नाक चढ़ाकर बोला, "मैं तो इसे मार बैठता।"

"तुम लोग कब तक यह जारी रखोगे ?" परेशान होकर पावेल ने कहा, "मैंने अपनी ग़लती मान ली है। अब तो माफ़ करो।"

15

मई दिवस ज्यों-ज्यों नज़दीक आता गया, पुलिस की सरगर्मियाँ बढ़ती गईं। कारख़ाने और बस्ती में रात-दिन घुड़सवार सिपाही गश्त लगाने लगे। खुफिया पुलिस की भी भरमार लग गई। मज़दूर कारख़ाने की चारदीवारी और मज़दूरों के घरों की दीवारों पर मई-दिवस का पोस्टर लगाते तो पुलिसवाले उन्हें उखाड़कर फेंक देते। यह लगाना और उखाड़ना बराबर चलता रहा। पदाधिकारी परेशान थे। सड़कों पर पोस्टर उड़ते फिरते। लोग उन्हें उठा-उठाकर पढ़ते। बैठकें अब किसी घर में न होकर कहीं किसी जंगल या नदी के किनारे होतीं। नाखोद्का और पावेल सुबह घर लौटते तो बेहद थके हुए होते।

आख़िर मई-दिवस आ गया। सुबह कारख़ाने की सीटी बड़ी ज़ोर से

बजी। माँ रात-भर सो न पाई थी। उसने तुरन्त चूल्हा जलाया और सोचा कि लड़कों को जगा दे, लेकिन फिर यह सोचकर न जगाया कि वे रात-भर के जगे हैं, थोड़ा और सो लें तो अच्छा। इस बीच उसने चटपट नहा-धोकर प्रार्थना कर डाली।

कारख़ाने की दूसरी सीटी इतनी ज़ोरदार न लगी।

"पावेल, तुमने सीटी की आवाज़ सुनी ?" कमरे से नाखोद्का की आवाज़ आई।

"चूल्हा तैयार है !" माँ ने चिल्लाकर कहा।

"हम उठ रहे हैं," पावेल की ख़ुशी की आवाज़ आई।

"नमस्ते, प्यारी माँ ! रात अच्छी तरह सोई न ?" नाखोद्का ने रसोई में आकर पूछा।

"बेटा," माँ ने फुसफुसाकर कहा, "जुलूस में तुम पावेल के साथ-साथ रहना।"

"निश्चय ही, प्यारी माँ," नाखोद्का ने भी फुसफुसाकर कहा, "तुम विश्वास करो जब तक हम साथ-साथ हैं, हम एक साथ ही चलेंगे।"

"यह क्या फुसफुसाहट चल रही है ?" पावेल ने आकर पूछा।

"माँ मुझसे कनपटियों को अच्छी तरह साफ़ करने के लिए कह रही है, आज लड़कियाँ कनखी मारेंगी न !" कहते हुए नाखोद्का मुँह-हाथ धोने चला गया।

पावेल धीरे-धीरे गुनगुनाने लगा, "शुरू हो गई जंग हमारी, शुरू हो गई जंग..."

माँ ने जल्दी-जल्दी मेज़ पर नाश्ता लगाया, लेकिन उन्होंने खाने में कोई तेज़ी न दिखाई। वे हल्की-फुल्की बातें करने लगे।

"तुम लोग जुलूस की बात क्यों नहीं करते ?" माँ ने अजीब-सा महसूस करके पूछा।

"वह सब तो तय ही है, प्यारी माँ," नाखोद्का ने कहा, "अगर हम गिरफ़्तार हो जाएँगे तो इवानोविच तुम्हें ख़बर करेंगे।"

"ठीक है," माँ ने एक ठंडी साँस लेकर कहा।

तभी दौड़ते हुए आकर माम्मिन ने कहा, "काम शुरू हो गया है। मज़दूर सड़कों पर इकट्ठे होने लगे हैं। कारख़ाने के फाटक पर

निकोलाइ, सामोइलोव और गुसेव भाषण दे रहे हैं। बहुत-सारे मज़दूर कारख़ाने से लौट आए हैं। अब तुम लोग चलो, जल्दी ! मैं चलता हूँ।''

वह चला गया तो माँ बोली, ''देखा, वह जैसे हवा में चिराग़ की तरह जल रहा है। मैं भी अपने कपड़े बदल लूँ।''

''कहाँ जाओगी प्यारी माँ ?'' नाखोद्का ने पूछा।

''तुम लोगों के साथ चलूँगी, और कहाँ जाऊँगी ?'' माँ ने कहा।

नाखोद्का ने अपनी मूँछों पर हाथ फेरते हुए पावेल की ओर देखा।

पावेल माँ के पास आकर बोला, ''माँ मैं तुमसे कुछ भी नहीं कहूँगा, तुम भी मुझसे कुछ भी न कहना। ठीक है ?''

''ठीक है, भगवान तुम लोगों की रक्षा करे।''

भीड़ बढ़ती जा रही थी। रास्ते के दोनों ओर, घरों के दरवाज़ों और खिड़कियों पर पुरुषों, स्त्रियों और बालकों की भीड़ लगी हुई थी। लोग आ-आकर नेताओं का स्वागत कर रहे थे और नारों का जवाब दे रहे थे। गानों की आवाज़ गूँज रही थी।

माँ काँपती हुई एक किनारे खड़ी थी। मज़दूर उससे तरह-तरह की बातें कर रहे थे। वह कुछ सुन रही थी, कुछ नहीं सुन रही थी। उसकी निगाह बराबर पावेल पर जमी हुई थी, जो अपने साथियों के साथ आगे खड़ा था। अचानक किसी ने सीटी बजाई और भीड़ में सन्नाटा गया। चारों ओर से लोगों की भीड़ जुट आई।

''साथियो !'' पावेल की जोरदार आवाज़ सुनाई दी।

माँ की आँखें जैसे जल उठीं। वह आगे बढ़कर पावेल के पास जा खड़ी हुई। वह अपने बेटे की जलती हुई, गर्वीली और साहस-भरी आँखों को ही देख रही थी।

''साथियो !'' पावेल फिर बोला, ''हमने निश्चय किया है कि आज के दिन हम आपको बताएँ कि हम कौन हैं और आज ही हम अपना झंडा फहराएँगे। तर्क, न्याय और स्वतन्त्रता का झंडा।''

एक सफ़ेद डंडा भीड़ को दो हिस्सों में बाँटता हुआ दिखाई दिया और दूसरे ही क्षण उठे हुए सिरों के ऊपर मज़दूरों का लाल झंडा एक बड़े पक्षी के पंख की तरह फड़फड़ाता उठ खड़ा हुआ। पावेल ने अपनी बाहें उठाईं और झंडा हवा में लहराने लगा। कई लोगों ने डंडे को अपनी

हथेलियों से जकड़कर पकड़ लिया। उनमें एक माँ भी थी।

"दुनिया के मज़दूर !" पावेल ने नारा दिया।

"ज़िन्दाबाद !" हज़ारों कंठों ने जवाब दिया।

"मज़दूरों की पार्टी !" पावेल ने दूसरा नारा दिया।

"ज़िन्दाबाद !" हज़ारों कंठों ने फिर जवाब दिया।

जाने कितने चमकीली आँखोंवाले युवक पावेल के पास आ जमा हुए। उनकी भीड़ के कारण माँ पीछे पड़ गई। वह और पीछे न ढकेल

दी जाए, इसलिए उसने एक साथी का हाथ पकड़ लिया। उसकी टाँगें काँप रही थीं और आँखें भर-भर आती थीं।

"साथियो !" शोर के ऊपर नाखोद्का की कड़कदार आवाज़ सुनाई दी, "मई दिवस !"

"ज़िन्दाबाद !" भीड़ ने जवाब दिया।

"साथियो ! हमने एक नया संघर्ष छेड़ा है, मज़दूरों के लिए न्याय का संघर्ष। यह संघर्ष कितना कठिन है, आप लोगों को इसका कुछ अनुभव हो चुका है। लेकिन हम कठिनाइयों से, यातनाओं से घबरानेवाले नहीं हैं, क्योंकि हम न्याय की, सत्य की लड़ाई लड़ रहे हैं। अन्तिम लड़ाई में निश्चय ही हमारी विजय होगी। नौजवानो ! आओ अपनी लड़ाई में शामिल होओ। 'मई-दिवस' का मज़दूरों के लिए यही सन्देश है।"

नारों के साथ जुलूस आगे बढ़ा। सबके आगे-आगे झंडा उठाए पावेल था। माम्मिन गाने की आगे की पंक्ति निकाल रहा था और भीड़ उसे दुहरा रही थी–

जागो-जागो ओ मज़दूरो !
नंगे-भूखे मज़दूरो !
बदलो इस दुनिया को तुम,
रचो नई दुनिया को तुम !...

माँ माम्मिन के पीछे-पीछे चल रही थी। उसका चेहरा लाल हो रहा था। वह अपने चारों ओर बहादुर नौजवानों के चमकते चेहरे देखकर विभोर हो रही थी। भीड़ में वह कब फिर पीछे ढकेल दी गई, उसे मालूम भी न हुआ। पीछे-पीछे लोग धीरे-धीरे चल रहे थे और बातें कर रहे थे–

"सिपाहियों का एक दस्ता स्कूल के पास है और एक दस्ता कारख़ाने के पास है।"

"गवर्नर भी आ पहुँचा है।"

"सचमुच ?"

"उसे मैंने अपनी आँखों से देखा है।"

"ठीक है, वे हमसे डर गए हैं, यह कोई मामूली बात नहीं है !"

तभी अचानक जाने आगे क्या हुआ कि पीछे की भीड़ शोर मचाती हुई पीछे हटने लगी। गाने का स्वर भी काँपता हुआ-सा लगने लगा। पीछे से माँ कुछ न देख पा रही थी इसलिए वह आगे जाने की कोशिश करने लगी और पीछे आनेवालों से टकराने लगी।

"साथियो !" पावेल की ऊँची आवाज़ सुनाई दी, "सिपाही भी हमीं लोगों की तरह मज़दूर हैं। वे हमें नहीं छुएँगे। वे भला हमें क्यों छुएँगे ? हम तो सबकी भलाई के लिए संघर्ष कर रहे हैं। सिपाही हमारी बात को अभी न समझें, लेकिन एक दिन वे ज़रूर समझेंगे और हमारे साथ आ खड़े होंगे, मुझे विश्वास है। बढ़ो, साथियो ! आगे बढ़ो !"

पावेल की आवाज़ में बड़ा जोर था। लेकिन लोग कम होने लगे। जुलूस टूट चला। पावेल झंडा पहले की तरह उठाए हुए था।

सड़क के सिरे पर संगीन सँभाले सिपाहियों को देखकर माँ की रगों में एक ठंडी लहर दौड़ गई। वह तेज़ी से पावेल के पास जाने लगी, तो एक काने आदमी से टकरा गई। उसने पूछा, "तुम कौन हो ?"

"मैं पावेल की माँ हूँ," माँ ने कहा।

"वाह !"

तभी पावेल की आवाज़ फिर सुनाई दी, "आगे बढ़ो ! आगे बढ़ो ! हमारे लिए आगे बढ़ने के सिवा कोई चारा नहीं !"

चारों ओर सन्नाटा छा गया। झंडा वैसे ही लहरा रहा था। आख़िर पावेल, नाखोद्का, सामोइलोव और माम्मिन भीड़ से कटकर आगे बढ़े, तो कुछ लोग और उनके साथ हो लिए। हवा में माम्मिन का स्पष्ट स्वर गूँजा–

"सर पर बाँधे कफनिया हो शहीदों की टोली निकली..."

जैसे गाने के स्वर पर ही उनके पाँव उठ रहे थे।

"सर्वस्व करेंगे न्योछावर हम आज़ादी के दीवाने।"

माँ सीने पर हाथ बाँधे काँपती आँखों से चारों ओर देख रही थी। उसके पाँवों के नीचे जैसे सड़क जल रही थी।

"बन्दूकें नीची करो !" अचानक एक आवाज़ गूँजी !

"वे अब आ रहे हैं," काने से एक ओर होते हुए माँ से कहा।

माँ अपलक देख रही थी। सिपाही पूरी सड़क घेरे हुए आगे आ रहे

थे। उनके आगे-आगे संगीनें चमक रही थीं। माँ तेज़ चलकर पावेल के पास पहुँची तो उसने देखा, नाखोद्का पावेल को अपने पीछे करके आगे खड़ा था।

"अपनी जगह पर चलो, साथी !" पावेल चिल्लाया।

नाखोद्का सिर पीछे किए गा रहा था। पावेल उसे कन्धे से खींचकर फिर चिल्लाया, "झंडे को आगे रहने दो, तुम पीछे आओ !"

तभी सिपाही भीड़ में घुस गए। भीड़ के लोग भाग चले। माँ के कानों में ये आवाज़ें पड़ रही थीं–

"झंडा झुका दो !"

"झंडा मुझे दो !"

"नहीं !" यह पावेल की आवाज़ थी।

करीब बीस आदमी झंडे को घेरे खड़े थे। माँ उनके पास जा पहुँची।

"झंडा छीन लो !" अफ़सर की आवाज़ सुनाई पड़ी।

एक लेफ्टिनेंट पावेल के पास दौड़ा और डंडा पकड़कर बोला, "छोड़ो इसे !"

"अपना हाथ हटाओ !" पावेल चिल्लाया।

झंडा काँपकर ज़रा झुका ही था कि लेफ्टिनेंट धड़ाम से ज़मीन पर गिर पड़ा।

"इन्हें गिरफ्तार कर लो !" अफ़सर का हुक्म सुनाई पड़ा।

कितने ही सिपाही दौड़कर आए। एक ने अपनी संगीन तान दी।

"विदा, माँ, मेरी सबसे प्यारी माँ !" पावेल की आवाज़ सुनाई दी !

माँ के दिमाग में सिर्फ़ दो बातें गूँज रही थीं, एक यह कि वह ज़िन्दा है और दूसरी यह कि माँ उसे याद है।

"विदा, प्यारी माँ !"

माँ ने पंजों के बल उठकर देखा, नाखोद्का सिपाहियों से घिरा हुआ उसी की ओर देखकर मुस्कुरा रहा था।

"विदा, साथियो, विदा !" सिपाहियों के बीच से आवाज़ें आईं।

भीड़ में कई आवाज़ें गूँज उठीं।

"ओह, मेरे कलेजे के टुकड़ो !" माँ रो रही थी।

"चलो, भागो यहाँ से !" कहते हुए एक सिपाही ने माँ के सीने में एक घूँसा जड़ दिया।

माँ ने देखा, झंडे के डंडे का एक टुकड़ा उस सिपाही के जूते के पास पड़ा हआ था और उसके सिरे में अब भी एक लाल टुकड़ा बचा हुआ था। उसने उसे झुककर उठाया तो सिपाही ने उसके हाथ से छीन लिया और चिल्लाया, "तुम भागोगी नहीं ?"

सिपाही एक ओर चला गया तो माँ ने उसके फेंके हुए डंडे के टुकड़े और लाल टुकड़े को फिर उठा लिया। सिपाही चिल्ला रहे थे, "भाग जाओ ! सड़क पर कोई दिखाई न दे।"

लोग गलियों और घरों के सहनों में घुस गए। वे सिपाहियों को चिल्ला-चिल्लाकर गालियाँ दे रहे थे।

माँ के मन में कुछ उबलने-सा लगा। उसे लगा कि उसने उसे न निकाला तो चैन न मिलेगा। एक गली के मोड़ पर एक भीड़ खड़ी थी। लोग बातें कर रहे थे–

"संगीनों का सामना करना मज़ाक नहीं है !"

"उन्हें देखकर भी तुम ऐसा कह रहे हो ?"

"वाह, पावेल, वाह !"

"और वह नाखोद्का कैसे मुस्कुरा रहा था। उन्हें संगीनों का कोई डर था ? फुह !"

"दोस्तो !" माँ अचानक चीख उठी, "सुनो ! भगवान के नाम पर सुनो ! हमारे ये बच्चे हम-सबके लिए ही तो गए हैं ! हमारी ज़िन्दगी क्या है ? ये बच्चे हमारी ख़ुशहाली के लिए ही तो गए हैं !...लोभी, बेईमान लोग हमारा ख़ून चूसकर गुलछर्रे उड़ाते हैं और हम...हम भूखे-नंगे रहते हैं ! ओ मज़दूरो ! अब तो तुम जागो और सोचो ! इन बच्चों का तुम लोग साथ दो ! ये तुम्हारी ही ख़ुशहाली के लिए जेल की यातनाएँ भोगते हैं, ज़रूरत पड़ने पर ये तुम्हारे लिए अपनी ज़िन्दगी भी कुर्बान कर देंगे।"

"सच है, सच है !" भीड़ में कई लोग बोल उठे।

"इसके बेटे को वे पकड़ ले गए हैं, इसके दर्द को समझो !" कोई औरत बोली ! "इसका दर्द हमारा दर्द है !"

कई माँ के पास आ गए और उसके हाथ पकड़ लिए। माँ रोने लगी। "जाओ, पेलागिया घर जाओ !" सिम्मोव ने कहा, "तुम्हारा दुख सहा नहीं जाता। मेरे भतीज़े को भी वे ले गए हैं। मेरा बेटा ज़िन्दा होता तो वह भी आज जाता। मज़दूर अब सब देखने-समझने लगे हैं। वे अपने जांबाज़ साथियों को मरने के लिए न छोड़ेंगे ! सब लड़ेंगे अब !"

16

मारिया के सम्बन्ध पुलिस से बहुत अच्छे थे, जैसे कि सबसे थे। रात में तलाशी होनेवाली है, जैसे ही उसे मालूम हुआ वह भागी-भागी माँ के पास आई। माँ को उदास बैठे देखकर उसने उत्साहित किया, "कारख़ाना बन्द हो गया था। सभी मज़दूर जुलूस में शामिल हुए थे।..."

लेकिन फिर भी माँ उत्साहित न हुई तो वह बोली, "आज रात फिर वे तुम्हारे यहाँ तलाशी लेने आ रहे हैं। घबराना नहीं। उस समय मैं आ जाऊँगी। इस समय जा रही हूँ।"

वह चली गई तो भी माँ न उठी। उसे मालूम था कि इस समय घर में कुछ भी नहीं है। पुलिसवाले आएँगे और चले जाएँगे। उसे झंडे के टुकड़े की याद आई तो उसने उसे एक जगह छिपा दिया।

दूसरे दिन दोपहर के बाद इवानोविच आया। उसे देखते ही डर कर माँ ने कहा, "तुम यहाँ क्यों आए। वे पकड़ लेंगे।"

इवानोविच ने उसका हाथ पकड़कर ज़ोर से हिलाया। बोला, "सुनो ! एक बहुत ज़रूरी काम से ख़ुद ही आया हूँ। हमने तय किया था कि मई-दिवस को पावेल और नाखोद्का गिरफ़्तार हो जाएँगे तो मैं तुम्हें शहर ले जाऊँगा। यहाँ फिर तलाशी हुई थी न ?"

"हाँ, बेशर्मों ने मेरी जामा-तलाशी भी ली !"

"उन्हें कोई शर्म नहीं होती," कहकर इवानोविच उसे समझाने लगा कि क्यों उसका शहर चलना ज़रूरी है।

माँ की समझ में कुछ भी न आया। फिर भी उसके स्नेह से अभिभूत होकर उसने कहा, "तुम लोगों की यही राय है तो मैं क्या कह सकती हूँ। लेकिन तुम्हें तकलीफ़..."

"उसकी चिन्ता तुम मत करो," इवानोविच ने कहा, "मैं अकेले ही रहता हूँ। कभी-कभी मेरी बहन मुझसे मिलने आती है।"

"तुम मेरा खर्चा बर्दाश्त करो, यह मैं..."

"तुम चाहो तो वहाँ तुम्हें कोई काम मिल सकता है।"

"सचमुच ?"

"मैं कुँआरा हूँ, मेरे घर में बहुत थोड़ा काम है..."

"मैं उसके बारे में नहीं कह रही हूँ," माँ ने कहा, "मैं तो..."

"समझ गया," इवानोविच ने कहा, "जेल में पावेल से मिलना तो उन किसानों का पता पूछना, जो अपने लिए पर्चा छपवाना चाहते थे।"

"मेरे पास उनके पते हैं," माँ ख़ुश होकर बोली, "मैं खोजकर दूँगी। मैं उनके पास भी पर्चे पहुँचा दूँगी। कारख़ाने में मैंने कैसे पर्चे पहुँचाए थे।"

इवानोविच ने माँ के हाथ को थपथपाकर कहा, "मैं जानता हूँ, तुम बहुत बड़े काम कर सकती हो !"

"अगर हमारे प्यारे बच्चे अपनी ज़िन्दगी कुर्बान कर सकते हैं तो क्या हम..."

इवानोविच घड़ी देखकर उठ खड़ा हुआ और माँ की पीठ थपथपाने लगा। फिर बोला, "जितनी जल्दी हो, आ जाओ। मुझे चिन्ता है। समझी ? तुम्हारे पास पैसे हैं ?"

"नहीं," माँ ने सिर झुकाकर कहा।

इवानोविच ने जेब से पैसे निकालकर देते हुए कहा, "कृपाकर इसे रख लो।"

चौथे दिन माँ इवानोविच के घर पहुँच गई। उसके जीवन में किसी दूसरे के घर में रहने का यह पहला अवसर था, लेकिन इवानोविच के स्नेह और आदर के कारण उसे वहाँ तनिक भी अजनबीपन न लगा। उसने जाते ही घर का सारा भार अपने ऊपर ले लिया। दूसरे दिन सुबह जब वे चाय पर बैठे तो माँ ने पूछा, "तुम्हारे घर के हर कमरे में

किताबें-ही-किताबें भरी हैं, तुम विद्यार्थी हो ?''

''नहीं, मैं अध्यापक हूँ,'' इवानोविच ने बताया, ''मेरे पिता व्यात्का में एक कारख़ाने के मैनेजर हैं, लेकिन मैं अध्यापक बन गया। गाँव में मैं किसानों में किताबें बाँटता था, इसलिए मुझे पकड़कर जेल भेज दिया गया। जेल से छूटकर आया तो मैंने एक दुकान में नौकरी कर ली। लेकिन फिर मैं पकड़ लिया गया और मुझे देश-निकाले की सजा हो गई। वहाँ के गवर्नर ने मुझसे नाराज़ होकर मुझे श्वेत सागर के किनारे एक गाँव में भेज दिया। वहाँ मैं पाँच वर्ष तक रहा।...मेरी बहन आज आएगी।''

''वह शादीशुदा है ?'' माँ ने पूछा।

''वह विधवा है। उसके पति को देश-निकाले की सज़ा देकर साइबेरिया भेज दिया गया था। वहाँ से वह यूरोप भाग गया था। दो वर्ष हुए, वह टी.बी. से मर गया।''

''वह तुमसे छोटी है ?''

''मुझ से छह साल बड़ी है। मैं उसका ऋणी हूँ। उसे तुम पियानो बजाते सुनना। यह पियानो और इस घर की बहुत-सारी चीज़ें उसी की हैं।''

''वह कहाँ रहती है ?''

''हर कहीं। जहाँ भी एक साहसी व्यक्ति की ज़रूरत पड़ती है, वही जाती है।''

''वह भी यही काम करती है ?''

''बेशक।...अच्छा, अब मैं जाऊँगा। एक बैठक में आज हमें विचार करना है कि किसान क्यों बर्बाद हो रहे हैं ? पौष्टिक भोजन न मिलने के कारण किसान जल्दी ही मर जाते हैं और उनके बच्चे सर्दियों में मक्खियों की तरह मरते हैं।''

वह चला गया तो माँ 'इस काम' के बारे में सोचने लगी। कितने लोग ख़ामोशी से इस काम में लगे हुए हैं !

दोपहर को एक लम्बी, सुन्दर औरत काले कपड़ों में प्रकट हुई। उसने आते ही माँ से हाथ मिलाया और बोली, ''तुम्हीं पावेल की माँ हो न ?''

"हाँ," उस औरत के अच्छे कपड़ों से थोड़ी परेशान होकर माँ ने कहा।

"तुम वैसी ही हो, जैसा मैंने सोचा था," औरत ने आईने के सामने अपना हैट उतारते हुए कहा, "भाई ने मुझे लिखा था कि तुम यहाँ आ रही हो। पावेल मेरा पुराना दोस्त है। उसने मुझे तुम्हारे बारे में बताया था।"

वह बहुत धीरे-धीरे बोल रही थी, लेकिन उसकी हरकतों में बड़ी स्फूर्ति थी। उसकी आँखें भूरी थीं और सिर के बालों में सफ़ेदी आ गई थी।

"मुझे भूख लगी है," उसने कहा, "मुझे एक कप कॉफी दो।"

"अभी देती हूँ," माँ ने पूछा, "तुम्हारा नाम क्या है ?"

"सोफिया।"

उसने एक सिगरेट निकाला और जलाकर कश लेती हुई बोली, "वे ज़्यादा दिन जेल में नहीं रहेंगे। मुकदमा जल्दी शुरू हो जाए तो वे या तो छूट जाएँगे या सायबेरिया भेज दिए जाएँगे। वहाँ से हम उन्हें भगा लाएँगे।"

माँ ने चकित होकर उसकी ओर देखा। कितनी दृढ़ता, विश्वास और साहस से वह बातें कर रही थी !

माँ एक कप कॉफी लेकर आई तो सोफिया ने कहा, "एक ही कप क्यों ? तुम नहीं पियोगी ? तुम्हें शर्म आती है क्या ?"

माँ अब सचमुच ही शरमा उठी। बोली, "मैं आज ही इस घर में आई हूँ..."

"तो इससे क्या हुआ ?" सोफिया ने कहा, "यह घर तो हम-सबका है। हम-सब एक हैं, माँ"

माँ की आँखों में आँसू आ गए तो उसे अपने पास खींचकर सोफिया बोली, "पावेल जल्दी ही आ जाएगा।"

"लेकिन वह सायबेरिया से भागकर आएगा तो कहाँ रहेगा, कैसे रहेगा ?"

"वह सब बड़ा ही आसान है, माँ," सोफिया ने बताया, "अभी आज ही मैं एक ऐसे आदमी को एक जगह पहुँचाकर आई हूँ। उसे

पाँच साल की सज़ा मिली थी, लेकिन हमने उसे तीन-चार महीने में ही भगा लिया।''

''ओह ! तुम-जैसी एक शरीफ़ज़ादी यह सब ज़ोखिम का काम करती है ! तुम पावेल को अपना दोस्त कहती हो और उसे छुड़ाने की तुम्हें चिन्ता है। मैं किस तरह तुम्हें धन्यवाद दूँ ?''

''क्या कहती हो, माँ ?'' सोफिया उसके कन्धे पर अपना हाथ रखकर बोली, ''हमारे सब साथी क़ीमती हैं। क्या हम कभी भी उन्हें जलावतनी में बर्बाद होने देंगे ?''

17

''यह क्या कर रही हो ?'' माँ ने चकित होकर सोफिया से पूछा।

''क्यों ? हमें पर्चे बाँटने गाँवों में चलना है न ?'' होंठों में मुस्कुराते हुए सोफिया ने कहा।

''तो इन कपड़ों की क्या ज़रूरत है ?'' फिर भी कुछ न समझकर माँ ने पूछा।

''जहाँ शानदार कपड़े पहनने की ज़रूरत होती है, वहाँ शानदार कपड़े पहने जाते हैं और जहाँ चिथड़े पहनने की ज़रूरत होती है वहाँ चिथड़े पहने जाते हैं। समझी ?''

''तो तुम ये चिथड़े पहनोगी ?''

''कितनी ही बार पहन चुकी हूँ,'' सोफिया ने कहा, ''चलो, जल्दी तुम भी इन्हें पहन लो। हम भिखारियों के रूप में गाँवों में चलेंगे।''

माँ को यह बड़ा अजीब लग रहा था। वह आँखें फाड़-फाड़कर सोफिया को उन चिथड़ों में देख रही थी और सोफिया हँस रही थी।

''अब यह बोरा कन्धे पर लटकाओ और यह छड़ी हाथ में लो,'' सोफिया ने कहा, ''और देखो, हम सचमुच भिखारियों की तरह लगती हैं कि नहीं ?''

इवानोविच ने हाथ मिलाकर उन्हें विदा किया। वे शहर से बाहर

आईं और ऊँची-नीची सड़क पर चलने लगीं।

"तुम थक जाओगी, सोफिया," माँ ने कहा।

"मैं बहुत पैदल चलती हूँ, माँ," सोफिया ने बताया, "मुझे आदत है।"

चलते हुए सोफिया ने अपने क्रान्तिकारी जीवन की कहानियाँ छेड़ दीं। बहुत सारे फर्ज़ी नामों और काग़ज़ों से उसने काम किया था। वह भेष बदलने में माहिर थी और खुफियों को छका देना उसके बाएँ हाथ का खेल था। वह ग़ैर-क़ानूनी किताबें शहर-शहर, गाँव-गाँव पहुँचाती थी। वह जलावतनी से साथियों को भगाकर गुप्त जगहों पर पहुँचा देती थी। वह गुप्त रूप से छापाखाना चलाती थी और ग़ैर-क़ानूनी किताबें और पर्चे छापती थी। एक बार एक नर्स के रूप में वह उस खुफिया के अफ़सर के साथ ही गाड़ी के एक डिब्बे में सफ़र कर रही थी, जो उसका पीछा कर रहा था। अफ़सर हर स्टेशन पर उतरकर गाड़ी की तलाशी लेता और लौटकर उससे कहता, "नहीं मिली।"

सुनकर माँ हँस पड़ती और प्रशंसापूर्ण नज़रों से उसे देखने लगती।

"अभी तुम कितनी जवान हो !" एक बार माँ ने ठंडी साँस लेकर कहा।

"क्यों ? बत्तीस की तो हो चुकी हूँ !"

"उम्र की बात मैं नहीं कर रही हूँ," माँ ने कहा, "तुम्हारी चाल, तुम्हारी बातें, तुम्हारी आँखें बिल्कुल तरुणियों की तरह हैं। तुम्हारा जीवन कितना कठिन और जोख़िम का है, लेकिन तुम्हारा दिल कितना ताज़ा है !"

"मैं कठिनाई और जोख़िम के बारे में कभी सोचती ही नहीं," सोफिया ने बताया, "मेरा ध्यान तो हमेशा अपने काम पर रहता है, जो कि मैं समझती हूँ, दुनिया का सबसे ज़रूरी और महत्त्वपूर्ण काम है ?"

"तुम लोग ज़रूर कामयाब होगे, बेटी !"

"हाँ, माँ, मेहनतकश लोग कभी भी हार नहीं सकते। एक महान शक्ति उनमें छिपी हुई है, वह शक्ति कठिन-से-कठिन काम को भी सम्भव बना सकती है। बस ज़रूरत सिर्फ़ उनकी चेतना जगाने की है।"

और सोफिया एक गाना गाने लगी।

वे तीसरे दिन अपनी मंज़िल पर पहुँचीं।

एक झोंपड़ी के सामने एक कुगढ़ मेज़ पर तीन जने खाना खा रहे थे। उनके पास जा माँ ने कहा, "नमस्ते राइबिन !"

राइबिन ने चौंककर उनकी ओर देखा और उन चिथड़ों में भी माँ को पहचान कर ख़ुशी से बोल उठा, "नमस्ते, माँ !"

"मेरे भाई को भी नमस्कार करो," माँ ने कहा "इसका नाम अन्ना है। हम तीर्थ यात्रा पर निकले हैं।"

शरमाकर हँसता हुआ राइबिन बोला, "यह शहर नहीं है, माँ ! देहात है, यहाँ यह सब रहने दो। सच बाताओ, यह कौन है, मैंने इसे कभी नहीं देखा। हम यहाँ साधुओं की तरह रहते हैं। कोई हमसे कुछ पूछने यहाँ नहीं आता। आओ, बैठो।" और उसने अपने साथियों का परिचय दिया।

लड़कों ने उनके लिए जगह बना दी। एक लड़का उनके खाने के लिए कुछ लाने झोंपड़ी में चला गया।

"पावेल के बारे में बताओ ?" राइबिन ने माँ से पूछा।

"वह जेल में है," कहकर माँ सब बता गई।

"फिर जेल में ? ओह !"

लड़के ने उन्हें दूध लाकर दिया। वे पी चुकीं तो राइबिन ने कहा, "सुना लड़को, तुम लोगों ने ! संगीन के सामने झंडा लेकर खड़े रहना और किसी चीज़ की परवाह न करना ! यह क्रान्तिकारी भावना है। माँ, तुम पर्चे लाई हो ?"

"हाँ।"

"देखा तुम लोगों ने," राइबिन ने फिर कहा, "बेटा चला गया, तो माँ उसकी जगह पर आ गई। मैं जानता था, काम बन्द न होगा। कोई-न-कोई पर्चा लेकर ज़रूर आएगा।...माँ, अपने भाई का परिचय दो, मुझे तो लगता है कि यह कोई तुम्हारी छोटी बहन है ?"

"क्यों ?" सोफिया ने चौंककर पूछा।

"एक औरत हर कपड़े में एक औरत ही रहती है।"

कहकर वह हँस पड़ा तो सब हँस पड़े।

माँ ने तब बताया, "कि यह मेरी सहेली मिखाइलो है, एक

ज़बर्दस्त औरत, जिसने अपना जीवन क्रान्ति के लिए समर्पित कर दिया है।"

राइबिन की आँखें चमक उठीं।

"तुम अपनी बात कहते जाओ," सोफिया ने कहा।

"एक नया आदमी यहाँ आया है। उसे टी.बी. हो गई है। मैं उसे बुलाऊँगा।"

"बुलाओ," सोफिया ने कहा।

राइबिन ने एक लड़के से कहा, "जाओ, उससे कहो कि शाम को यहाँ बैठक होगी, वह ज़रूर आए।"

लड़का चला गया तो राइबिन ने कहा, "इस लड़के और इसके भाई के नाम सेना में भर्ती होने के लिए सम्मन आया है। यह कहता है, मैं नहीं जाऊँगा और इसका भाई कहता है, चलो वहाँ सैनिकों में हम अपना काम करेंगे। खैर माँ, तुम पर्चे मुझे दो और चलकर तुम लोग झोंपड़ी में आराम करो।"

माँ और सोफिया ने गट्ठर खोले।

"इतना-सारा तुम लोग लाई हो।" राइबिन ख़ुश होकर चिल्ला उठा, "माँ, अपनी सहेली का नाम ठीक-ठीक बताओ, यह तो..."

"अन्ना इवानोव्ना," सोफिया ने ही बताया, "बारह साल से काम कर रही हूँ। तुम इतने अधिक मेरे बारे में उत्सुक क्यों हो ?"

"कोई विशेष कारण नहीं है," झेंपकर राइबिन ने पूछा, "जेल ?"

"कई बार।"

"ये सब एक ही तरह के पर्चे हैं ?"

"नहीं, कई तरह के हैं, अखबार हैं, पुस्तिकाएँ भी।"

वे पर्चे वगैरह उठाकर झोंपड़ी में घुसे तो माँ ने कहा, "किसानों में भी जागरण आ गया है, या नहीं ?"

"हाँ," सोफिया ने कहा, "इस राइबिन की तरह दूसरे आदमी को मैंने नहीं देखा है। चलो, झोंपड़ी में चलें।"

वे अन्दर घुसीं तो देखा, सभी कोई-न-कोई पर्चा फैलाकर पढ़ने में तल्लीन हो गए थे।

माँ एक कोने में लेट गई, लेकिन सोफिया बड़े ध्यान से लड़कों को

देखने लगी।

"वे किसानों में रोशनी फैलाना चाहते हैं।" एक ने कहा।

"क्यों नहीं, वे हमें प्यार करते हैं," राइबिन ने कहा।

"सुनो ! सुनो ! आप फरमाते हैं..."

"चुप रहो ! मेहमानों को आराम करने दो।"

"नहीं-नहीं," सोफिया ने कहा, "मैं तो बात करना चाहती हूँ।"

"शाम को," राइबिन ने कहा, "चलो लड़को बाहर।"

सब बाहर चले गए।

शाम को वे सब चाय पर बैठे ही थे कि बाहर दूर से किसी के खाँसने की आवाज़ आई। राइबिन बोला, "वह आ रहा है, एक जीवित सनद ! अगर मेरा बस चलता तो मैं इसे शहर-शहर घुमाता और इसका भाषण कराता। यह एक ही विषय पर बोलता है, लेकिन इसका भाषण सबको सुनना ही चाहिए।"

एक लम्बी, झुकी आकृति छड़ी टेकती अन्दर आई, "मैं आ गया," और वह ज़ोर से खाँसने लगा। वह पाँवों तक एक पुरानी कोट पहने था। उसके पिचके हैट के दोनों ओर बालों के गुच्छे लटके हुए थे। उसके पीले, हड्डीदार चेहरे पर छोटी दाढ़ी थी। उसकी आँखें गढ़ों में घुसी हुई थीं।

राइबिन ने उनका परिचय कराया। उसने सोफिया से कहा, "मैंने सुना है तुम लोग किताबें लाई हो।"

"हाँ," सोफिया ने कहा।

"मैं यहाँ के लोगों की ओर से तुम लोगों को धन्यवाद देता हूँ," उसने कहा, "यहाँ के लोग अभी सत्य को नहीं समझते, लेकिन मैं समझता हूँ, इसलिए सबकी ओर से धन्यवाद देता हूँ।"

"तुम्हें रात को जंगल में नहीं रहना चाहिए," सोफिया ने कहा, "रात को पेड़ हवा को नम और भारी कर देते हैं।"

"अब मेरे लिए क्या अच्छा रह गया है," उसने खाँसते हुए कहा, "सिर्फ़ मौत मेरे लिए अच्छी है।"

उसकी आवाज़ बड़ी दर्दनाक थी। वह एक पीपे पर बैठकर अपने चेहरे का पसीना पोंछने लगा।

"लोगों के लिए शायद अब भी मेरा कोई उपयोग है," उसने अपनी साँस बटोरकर कहा, "मैं एक भारी अपराध की जीवित सनद हूँ...देखो, मुझे देखो! अट्ठाइस की उम्र में ही मर रहा हूँ! दस बरस पहले मैं पाँच मन का बोझ बेहिचक उठा लेता था। मैं अपना बल देखकर सोचता था मैं सत्तर साल तक जीवित रहूँगा। लेकिन मैं दस साल और जीवित रहा और अब मर रहा हूँ। मेरे मालिकों ने मेरी उम्र के चालीस साल लूट लिए!"

"यही राग यह गाता है," राइबिन ने कहा।

"यह मेरा ही राग नहीं है," उसने कहा, "यह लाखों, करोड़ों का राग है, जिसे वे गाते हैं, लेकिन यह नहीं समझते कि इस राग से लोगों को क्या सबक मिल सकता है। काम के बोझ से दबकर कितने लोग भूखे, ख़ामोशी से मर जाते हैं..." वह फिर खाँसने लगा।

"लो, थोड़ा दूध पी लो, सेवली," एक लड़के ने कहा।

"नहीं," सेवली ने सिर हिला दिया।

लेकिन लड़के ने ज़बर्दस्ती उसे दूध पिला दिया।

"तुमने इसे क्यों बुलाया?" सोफिया ने राइबिन को डाँटा, "यह तो किसी समय भी मर सकता है।

"मुझे मालूम है," राइबिन ने कहा, "लेकिन जब तक यह बात कर सकता है, क्यों न इसे बात करने दी जाए। इसके जीवन का व्यर्थ ही बलिदान हो गया। क्यों न एक अच्छे उद्देश्य के लिए थोड़े दिन और तकलीफ़ बर्दाश्त करे? तुम परेशान न होओ, सब ठीक है।"

"अच्छा मज़ा ले रहो हो तुम!" सोफिया ने कहा।

राइबिन ने उसकी ओर कनखियों से देखा और कहा, "रईस लोग सलीब पर कराहते हुए ईसा की प्रशंसा करने में मज़ा लेते हैं। लेकिन हम तो इस आदमी से सबक लेना चाहते हैं और तुम भी लो..."

माँ ने भौंह उठाकर कहा, "बस करो, बस!"

बीमार आदमी फिर बोलने लगा, "किसी को काम के बोझ से मार डालने का उन्हें क्या अधिकार है? वे क्यों किसी की ज़िन्दगी को लूटेंगे? मैं नेफ़ेदोव कारख़ाने में काम करता था। मेरे मालिक ने एक नाचनेवाली को भेंट में एक सोने का तश्त और सिंगारदान दिया था।

मेरी शक्ति और ज़िन्दगी उसी तश्त और सिंगारदान में चली गई। एक आदमी ने काम के बोझ से मुझे मार डाला ताकि वह अपनी रखैल का मनोरंजन मेरे ख़ून से कर सके। उसने मेरे ख़ून से ही उसके लिए तश्त और सिंगारदान खरीदा !"

"भगवान ने आदमी को अपनी ही तरह अपने प्रतिबिम्ब से बनाया !" एक लड़के ने कहा, "और उस आदमी के साथ लोग कैसा व्यवहार करते हैं !"

"क्या यह सच हो सकता ?" माँ ने सोफिया से पूछा।

"हाँ, यह सच हो सकता है," सोफिया ने बताया, "इस तरह की ऐय्याशियों की कितनी ही कहानियाँ अख़बारों में छपती हैं।"

"लेकिन ऐसे बदमाशों को कोई दंड नहीं दिया जाता," राइबिन ने तेज़ होकर कहा, "ऐसे बदमाशों को लोगों के सामने घसीटकर टुकड़े-टुकड़े करके कुत्तों के सामने डाल देना चाहिए। जनता उठेगी तो ऐसे बदमाशों को यही सज़ा देगी। वह उनके जिस्म से सारा ख़ून निकाल लेगी। वह ख़ून जनता के जिस्म से ही तो चूसा हुआ है।"

"ठंड बढ़ गई मालूम देती है," बीमार आदमी ने कहा।

लड़कों ने अलाव जला दिया।

"यह मरणासन्न आदमी किताबों से भी ज़्यादा सफाई से बातें सामने रखता है," राइबिन ने अपनी बात जारी रखी, "जब किसी मज़दूर का कोई अंग मशीन से कट जाता है तो वे कहते हैं कि ऐसा मज़दूर की ही ग़लती से होता है। लेकिन जब वे मज़दूरों के जिस्म से सारी ताक़त, सारा ख़ून चूस लेते हैं और उन्हें घूरे पर मरने के लिए छोड़ देते हैं तो इसका कोई कारण नहीं बताते हैं। क्या यह सरासर हत्या नहीं है ! लेकिन नहीं, उनके लिए तो यह सब एक तमाशा है। वे मज़दूरों की मेहनत की कमाई से मज़े लूटते हैं, कोठियाँ, ठाट-बाट, ऐश-आराम, गुलछर्रे..."

बीमार आदमी बराबर खाँस रहा था। एक लड़के ने कहा, "चलो, मैं छोड़ आऊँ।"

"नहीं, मैं अभी यहीं रुकूँगा," बीमार आदमी ने कहा, "कितने दिन मुझे ज़िन्दा रहना है ? कम-से-कम यह समय तो मैं लोगों के बीच काट

लूँ। तुम लोगों के पास रहना मुझे अच्छा लगता है। मुझे लगता है कि तुम लोग उन ख़ून चूसनेवालों से बदला लोगे।"

वह चुप हो गया तो कोई कुछ न बोला। थोड़ी देर में ही वह लुढ़ककर सो गया।

"इसी तरह यह यहाँ आता और हमेशा यही बातें करता है, इसके रोम-रोम में जैसे यही बातें भरी हैं, जैसे यह इन बातों के सिवा और कुछ न देखता, न समझता है।"

"और यह क्या देखे-समझे, बेटा ?" माँ ने कहा, "इसी की तरह तो लाखों की हत्या हो रही है, और कुछ मालिक लोग मौज उड़ा रहे हैं।"

बीमार आदमी हिला और उसने अपनी आँखें खोल दीं। राइबिन ने एक भेंड़ की खाल लाकर उसके ऊपर डाल दी। फिर सोफिया से कहा, "अब तुम अपनी बात कहो।"

सोफिया ने संसार में हो रहे जनता के संघर्षों के बारे में बताया, जर्मनी के किसानों के व्रिदोह के बारे में, फ्रांस के बहादुर मज़दूरों के कारनामों के बारे में, आयरलैंड के विपन्न लोगों के बारे में। उसने बताया कि ये सब लड़ाइयाँ जनता की आज़ादी और ख़ुशहाली के लिए हैं और सब एक-दूसरी की सहायक हैं।

"वह दिन आएगा जब संसार के सब देशों के मज़दूर उठ खड़े होंगे और एक आवाज़ में कहेंगे, अब आगे हम यह ज़िन्दगी नहीं जिएँगे !" सोफिया ने मुट्ठी तानकर कहा, "उसी क्षण शोषकों की शक्ति की दीवार बालू की तरह भहराकर गिर पड़ेगी।"

"बिल्कुल ठीक !" राइबिन ने कहा, "मज़दूर जाग जाएँ तो वे क्या नहीं कर सकते !"

18

सोफिया कभी भी पूरा दिन घर में न रहती। चार-चार, पाँच-पाँच दिन में कभी वह घंटे-दो घंटे के लिए आ जाती ! नताशा एक कपड़े के

कारख़ाने के स्कूल में अध्यापिका हो गई थी। माँ उसके पास ग़ैरक़ानूनी पुस्तकें और पर्चे पहुँचाया करती। कभी वह खोमचा सजाकर जाती, कभी भिक्षुणी बनकर, कभी तीर्थयात्री और कभी शहरी महिला का रूप धारण करके।

अब वह खुलकर लोगों से बातें कर लेती, बसों में, गाड़ी के डिब्बे में, नाव में वही पहले बात छेड़ देती। लोगों का असन्तोष और गुस्सा देखकर उसे ख़ुशी होती। कभी-कभी उसे आश्चर्य होता कि लोग इतने कष्ट में हैं फिर भी विद्रोह क्यों नहीं करते। एक दिन उसने यह बात इवानोविच से कही तो उसने कहा, "यह सवाल भी तुम्हें लोगों से ही कहना चाहिए, माँ !"

माँ सकते में आ गई। बोली, "कैसे ?"

इवानोविच ने कहा, "ऐसे कि हमें इन कष्टों से छुटकारा पाने के लिए कुछ करना चाहिए, सुना है, एक पार्टी है, जिसके सदस्य..."

माँ की आँखें चमक उठीं। बोली, "देखो न, ये बातें करना कितना आसान है, फिर भी..."

एक बार इवानोविच ने बताया, "एक साथी जेल से भाग निकला है–"

उत्सुक होकर माँ ने कहा, "कौन ?"

"अभी यह तो मालूम नहीं हुआ है। हो सकता है कि वह पावेल ही हो। मैं फिर पता लगाने जा रहा हूँ।"

"मुझे भी अपने साथ ले चलो !" माँ हाँफती हुई बोली।

"तुम येगोर के पास जाओ, शायद उसे कुछ मालूम हो।"

सिर पर एक रूमाल डालकर माँ भाग खड़ी हुई। उसका दिल धड़क रहा था और टाँगें काँप रही थीं, फिर भी वह दौड़ रही थी।

वह येगोर की सीढ़ियों पर चढ़ ही रही थी कि अपने पीछे निकोलाइ को खड़े देखकर उसके मुख से एक चीख निकल गई।

निकोलाइ ने हाथ हिलाकर, फुसफुसाकर कहा, "चलो, तुम चलो !"

माँ खट-खट सीढ़ियाँ चढ़कर येगोर के कमरे में पहुँची। येगोर तख़्त पर लेटा था। माँ ने हाँफते हुए उसे बताया, "निकोलाइ जेल से

भाग आया है !"

वह तख़्त पर बैठकर बोला, "बहुत अच्छे ! वह कहाँ है ?"

तभी निकोलाइ ने कमरे के अन्दर आकर अन्दर से दरवाजा बन्द कर लिया।

"आओ !" येगोर ने कहा।

निकोलाइ माँ के पास जाकर उसका हाथ पकड़कर बोला, "माँ, आज तुमने मुझे बचा लिया। मेरी समझ में ही न आ रहा था कि मैं कहाँ जाऊँ। शहर से मैं परिचित नहीं हूँ। अचानक तुम्हें सड़क पर भागते देखा, तो मेरे दम-में-दम आया और मैं तुम्हारे पीछे हो लिया।"

"तुम कैसे भाग निकले ?" माँ ने पूछा।

वह अस्थिर-सा तख़त के एक कोने में बैठकर बोला, "एक संयोग मिल गया।...येगोर, तुम अभी ठीक नहीं हुए ?"

येगोर फिर तख़त पर लेट गया था। बोला, "नहीं ! तुम कुछ खाओगे न। वहाँ रोटी पड़ी है। खाते रहो और बताते जाओ। लेकिन सबसे पहले पावेल के बारे में बताओ माँ को।"

"पावेल बिल्कलु ठीक है," उसने बताया, "वहाँ भी वह हमारा नेता है। हर आदमी उसका सम्मान करता है।"

माँ की ख़ुशी का ठिकाना न था। वह जाकर रोटी लाई।

येगोर ने पूछा, "सोफिया है ?"

"वह कल आएगी।"

"फिर इसे कहाँ छिपाया जाए ? ख़ैर, तुम जाकर इसके लिए कपड़े लाओ। इसे जेल के कपड़ों में एक मिनट भी नहीं रहना चाहिए। सावधानी से जाना और आना।"

19

एक दिन दोपहर को, अधिकारियों की अनुमति पाकर, माँ पावेल से मिलने जेल गई। वह कार्यालय के एक कमरे में बैठा दी गई। एक अफ़सर पावेल को लेकर आया और उसे माँ के सामने बैठाकर ख़ुद

दरवाज़े पर एक स्टूल पर बैठ गया।

पावेल ने एक क्षण भी नष्ट न कर तुरन्त कहा, ''हम सब लोग अच्छी तरह हैं, तुम लोग कैसे हो ?''

'हम लोग' और 'तुम लोग' ! माँ के मन में एक बात उठी, ''हमारा परिवार कितना बड़ा है !''

''बिल्कुल ठीक है,'' माँ ने बताया, ''येगोर मर गया।''

''सचमुच ?'' पावेल धीरे से चीख पड़ा और सिर झुका लिया।

''उसके जनाज़े के जुलूस पर पुलिस ने हमला किया और एक आदमी को गिरफ़्तार कर लिया...''

अफ़सर ने मुँह में अपनी जीभ बजाई और कूदकर बोला, ''यह-सब बातें मत करो ! तुम्हें मालूम नहीं, यहाँ राजनीतिक बातें करने की मनाही है ?''

माँ उठ खड़ी हुई और कड़े शब्दों में बोली, ''मैं राजनीतिक बातें नहीं कर रही हूँ, पुलिस के हमले के बारे में बातें कर रही हूँ, जिसे कोई भी अस्वीकार नहीं कर सकता। उन्होंने एक लड़के का सिर भी तोड़ दिया था।''

''यह सब भी राजनीति ही है,'' अफ़सर ने कहा, ''तुम सिर्फ़ अपनी व्यक्तिगत बातें करो !'' कहकर वह फिर बेंच पर बैठ गया और कोई काग़ज़ देखने लगा।

अफ़सर को सिर झुकाए देखकर माँ ने टेंट से एक पुर्ज़ा निकालकर पावेल के हाथ में दे दिया और राहत की साँस लेकर बैठ गई।

''मुकदमा कब शुरू हो रहा है ?'' माँ ने पूछा।

''जल्दी ही होनेवाला है,'' पावेल ने कहा।

वे इसी तरह की साधारण बातें करते रहे। दाढ़ी के कारण पावेल कुछ ज़्यादा उम्र का लग रहा था। वह शान्त था और माँ की ओर बड़े प्यार और आदर से देख रहा था। माँ इवानोविच के बारे में कुछ बताना चाहती थी और निकोलाइ के बारे में भी। इसलिए अपने स्वर को सामान्य बनाए हुए ही बोली, ''कल तुम्हारा धर्म-पुत्र दिखाई दिया था...''

पावेल ने उत्सुक होकर माँ की आँखों में देखा तो माँ ने अपने गालों

पर उँगली रखकर निकोलाई के गालों के निशान की याद दिलाई और कहा, "लड़का बिल्कुल ठीक है, एक काम पर लगाया जा रहा है।"

"बहुत अच्छा है !" पावेल की आँखें मुस्कुरा उठीं।

विदा के समय दोनों ने हाथ मिलाया। पावेल ने कहा, "धन्यवाद, माँ !"

माँ बहुत ख़ुश थी। वह लौटी तो सशा उसका इन्तजार कर रही थी।

"वह कैसे हैं ?" उसने माँ को देखते ही पूछा।

"बिल्कुल ठीक-ठाक !" माँ ने हँसते हुए बताया।

"तुमने उसे पुर्ज़ा दिया था ?"

"बेशक ! तुम देखती कि कितनी होशियारी से मैंने पुर्ज़ा उसके हाथ में थमा दिया ?"

"वह तैयार हो जाएगा ?"

"ज़्यादा जोखिम न होगा तो ज़रूर तैयार हो जाएगा।"

"तुमको उससे कहना चाहिए था कि वह तैयार रहे...उसकी यहाँ बेहद ज़रूरत है।"

"पास ही अफ़सर बैठा था।"

"ओह !"

तभी दरवाज़ा खुला और सोफिया अन्दर आई। उसने सशा से कहा, "उस लड़की ने तीन सौ पोस्टर लिख लिए हैं। इतनी मेहनत करेगी तो वह जल्दी ही मर जाएगी, लेकिन ऐसे मेहनती लोगों के साथ काम करने में कितनी ख़ुशी होती है !"

फिर वह माँ की ओर मुड़ी, "माँ, तुम्हें फिर देहात जाना है।"

"ठीक है। कब ?"

"क्या तुम तीन दिन के भीतर यह काम कर सकती हो ?"

"बेशक !"

तभी इवानोविच अपने कमरे से आकर बोला, "अब की तुम दूसरे रास्ते से जाना और किराये के घोड़े ले लेना।" वह इस समय अपने स्वभाव के विरुद्ध कुछ चिड़चिड़ा लग रहा था।

"दूसरा रास्ता तो बड़ा लम्बा है और किराये के घोड़े लेना..."

"देखो, माँ, सच्ची बात तो यह है कि मैं नहीं चाहता कि इस समय कोई देहात जाए। वहाँ इस समय बड़ी हलचल है। कितनी ही गिरफ़्तारियाँ हुईं हैं, एक अध्यापक को भी उन्होंने गिरफ़्तार कर लिया है। हमें सावधान रहना चाहिए।"

"हमें उनके पास पर्चे पहुँचाने ही हैं," सोफिया ने कहा, "क्या तुम्हें वहाँ जाने में डर लगता है, माँ ?"

माँ को जैसे चोट पहुँची। बोली, "मैं कब डरी हूँ, बेटी ? तुम्हारे साथ ही तो गई थी। इस समय तुम खामखाह..."

इवानोविच ने परेशान होकर सख़्ती से सोफिया की ओर देखा। सोफिया ने सिर झुकाकर कहा, "मुझे माफ़ कर दो माँ !"

दूसरे दिन सुबह ही माँ चल पड़ी। इवानोविच के आदेशानुसार वह दूसरे रास्ते से ही घोड़ा-गाड़ी पर जा रही थी।

दोपहर को एक छोटे कस्बे के पड़ाव पर घोड़ा-गाड़ी रुक गई। कोचवान ने कहा, "यहाँ दूसरी गाड़ी आने-जाने के लिए मिलेगी। तुम चाहो तो यहाँ चाय पी सकती हो।"

माँ अपना भारी सूटकेस उठाए सड़क के किनारे के चाय-घर में घुसी और खिड़की के पास बेंच के नीचे सूटकेस रखकर बैठ गई। खिड़की से एक चौराहे के पास थाने की भूरी इमारत दिखाई दे रही थी, जिसके पास सिर्फ़ कमीज़ पहने एक दाढ़ीवाला किसान बैठा हुआ एक पाईप पी रहा था। अचानक वहाँ घोड़े पर चाबुक लहराता, एक सार्जेंट आया और चिल्लाकर किसान से पूछा। उसकी आवाज़ हवा से थर्रा उठी। किसान ने खड़े होकर हाथ से एक ओर संकेत कर दिया। किसान पर चाबुक फटकारता सार्जेंट उधर चला गया।

एक लड़की अपने होंठ दाँतों से काटती ट्रे में चाय और नाश्ता लेकर माँ के पास आई।

"नमस्ते, प्यारी बेटी !" माँ ने कहा।

"नमस्ते, माँ," मेज़ पर सामान रखती हुई लड़की बोली, "उन्होंने अभी एक डाकू को पकड़ा है, उसे वे यहीं ला रहे हैं !"

"कौन डाकू है ?"

"मैं नहीं जानती।"

"उसने डाका कहाँ डाला है ?"

"मुझे नहीं मालूम," कहकर दरवाज़ा बन्द करती हुई लड़की भाग खड़ी हुई।

माँ ने खिड़की से देखा, चौराहे पर किसानों की भीड़ लग गई थी। वे सब अपने बाईं ओर देख रहे थे। माँ ने सूटकेस को बेंच के और अन्दर खिसकाया और शाल को अच्छी तरह सिर पर करके ओसारे में

आ गई। चौराहे पर मुश्क बँधें राइबिन पर उसकी नज़र पड़ी तो जैसे उसकी साँस ही रुक गई और उसे काठ मार गया। राइबिन के दोनों ओर एक-एक सिपाही थे और हाथ के डंडे ज़मीन पर पीटते चल रहे थे।

माँ ने अपने को सँभाला। पास ही एक सफ़ेद दाढ़ीवाला किसान उसी की ओर देख रहा था। माँ ने उससे पूछा, "क्या हुआ है ?"

"ख़ुद देख लो," कहकर वह हट गया और दूसरा किसान उसकी जगह आ खड़ा हुआ।

चौराहे पर भीड़ के सामने राइबिन के साथ सिपाही रुक गए और राइबिन की ऊँची आवाज़ सुनाई दी, "सुनो ! सुनो ! तुम लोगों ने वे पर्चे देखे हैं, जिनमें किसानों के जीवन की सच्चाइयाँ लिखी हुई हैं ? उन्हीं पर्चों के कारण इन्होंने मुझे गिरफ़्तार किया है। मैंने उन पर्चों को लोगों में बाँटा था।..."

भीड़ राइबिन के पास आ गई। राइबिन की आवाज़ शान्त और सधी हुई थी, इससे माँ को बल मिला।

राइबिन कह रहा था, "किसानो, सुनो ! उन पर्चों की बातों पर विश्वास करो ! हो सकता है कि यह मुझे मार डालें। इन्होंने मुझे पीटा है और तरह-तरह की यातनाएँ पहुँचाई हैं कि मैं इन्हें बता दूँ कि वे पर्चे कहाँ से आए हैं। ये मुझे फिर पीटेंगे। लेकिन मैं सारी यातनाएँ बर्दाश्त करूँगा, क्योंकि पर्चों में किसानों की सच्चाइयाँ लिखी हुई हैं और हमें सच्चाइयों की हिफ़ज़त के लिए अपनी जान देने से भी नहीं डरना चाहिए।...."

सार्जेंट अचानक राइबिन के पास आया और उसके सिर के बाल पकड़कर चिल्लाया, "क्या बकवास कर रहा है, कुत्ते ?"

भीड़ में एक हरकत हुई और एक फुसफुसाहट दौड़ गई। माँ ने एक विवशता की पीड़ा महसूस कर अपना सिर झुका लिया।

"देखो, देखो, भले लोगो !" राइबिन चिल्लाया।

उसकी कनपटी पर थप्पड़ मारता सार्जेंट चिल्लाया, "चुप्प !"

"ये हमारे हाथ बाँधकर हम पर मनमाना जुल्म तोड़ते हैं !" राइबिन फिर चिल्लाया।

"सिपाहियो ! इसे ले जाओ !" सार्जेंट ने आदेश दिया और फिर भीड़ की ओर चिल्लाया, "चलो भागो यहाँ से !"

सार्जेंट अचानक फिर चिल्ला पड़ा, "ज़रा रुको सिपाहियो !" और राइबिन के पास जाकर उसे अन्धाधुन्ध बूटों की ठोकरों और घूँसों से मारने लगा।

"उसे मत मारो !" अचानक भीड़ से एक आवाज़ आई, "किसानो ! इस शैतान को रोको ! यह उसे मार डालना चाहता है ! इसे रोको ! क्या तुम अपनी ज़िन्दगी को नहीं देख रहे हो ? क्या तुम यह नहीं समझ सकते कि ये किस तरह तुम्हें लूटते हैं, तुम्हें ठगते हैं और तुम्हारा ख़ून चूस लेते हैं, तुम अपने को समझो, किसानो ! तुम्हीं सब कुछ पैदा करते हो और तुम्हें ही ये भूखों मारते हैं।..."

"यह बिल्कुल ठीक कह रहा है !" भीड़ से कई आवाज़ें एक साथ आईं।

माँ ने एक राहत की साँस ली। भीड़ से लगातार आवाज़ें आ रही थीं—"पुलिस का अफ़सर कहाँ है ?"

"सार्जेंट उसे बुलाने गया है।"

"कहाँ गया वह शैतान ?"

"उसके हाथ खोल दो !" किसी ने लपककर राइबिन के हाथ खोल दिए।

"भागो ! भागो !"

"नहीं, मैं भागूँगा नहीं," राइबिन दोनों हाथों को सिर पर उठाकर चिल्लाया, "मेरे हाथों को देखो ! ये कैसे बाँधते हैं। किसानो ! मैं भागकर सच्चाइयों को कलंकित नहीं करूँगा ! ये सच्चाइयाँ ही हमारी और तुम्हारी रक्षा करेंगी ! किसानो ! याद रखो ! इसी तरह हमें एक-दूसरे के बन्धनों को काट देना है। हमें ही यह करना है, कोई दूसरा हमारे लिए यह करने नहीं आएगा ! देखो ! मेरे हाथों के खून को देखो ! किसानो ! अपनी आँखें खोलो और उन पर्चों को पढ़ो। न पढ़ सकते हो तो किसी से पढ़ाकर सुनो ! इन पर्चों से अधिकारी उसी तरह डरते हैं जैसे कोई तलवारों और आग से डरता है। ये पर्चे उन्हें काटकर, जलाकर रख देंगे और हमें सभी कष्टों से मुक्त करेंगे।"

तभी भीड़ में एक खलबली मच गई। दाएँ से घोड़े पर सवार पुलिस अफ़सर आ रहा था।

राइबिन के पास उतरकर वह चिल्लाया, "इसके हाथ किसने खोले ?"

"लोगों ने," सिपाही ने जवाब दिया।

"किन लोगों ने ?" अफ़सर चिल्लाया "इसके हाथ बाँधो !" फिर राइबिन की ओर मुड़कर उसने कहा, "हाथ पीछे करो !"

"नहीं करूँगा," राइबिन ने कहा, "मैं कहीं भाग नहीं रहा हूँ। तुम लोग मेरे हाथ क्यों बाँधते हो ?"

"हूँ !" अफ़सर ने कहा।

"लोगों पर तुम बहुत अत्याचार कर चुके," राइबिन ने ऊँची आवाज़ में कहा, "अब तुम्हारे दिन लदनेवाले हैं !"

"क्या कहा ?" और अफ़सर ने अचानक राइबिन के मुँह पर एक घूँसा दे मारा।

"तुम अपने घूँसों से सच्चाइयों की हत्या नहीं कर सकते !" वैसी ही आवाज़ में राइबिन बोला, "तुम्हें किसी को मारने का अधिकार नहीं है, कुत्ते ?"

"मुझे अधिकार नहीं है, मुझे ?" उसने फिर राइबिन पर घूँसा चलाया, लेकिन राइबिन ने झुककर वार बचा लिया और अफ़सर लुढ़ककर गिरते-गिरते बचा।

"मुझ पर हाथ मत उठाओ, कहे देता हूँ !" राइबिन ने कहा।

अफ़सर सँभलकर राइबिन पर झपटा और उसे इतने जोर से घूँसा मारा कि वह चक्कर खाकर गिर पड़ा। फिर क्या था, अफ़सर ने लगातार ठोकरें मारकर बेदम करके उसे छोड़ा और चिल्लाता हुआ बोला, "ले जाओ, इसे गाड़ी से तुरन्त शहर पहुँचाओ।"

माँ का कलेजा भुन रहा था। वह वहाँ से हटने ही वाली थी कि एक किसान ने उसके पास आकर कहा, "देखा, क्या हो रहा है !"

"हाँ," माँ ने यों ही जवाब दे दिया।

माँ की आँखों में सीधे देखते हुए तब उसने पूछा, "तुम यहाँ क्या करने आई हो ?"

"मैं किसानिनों से गोटे और कपड़े खरीदती हूँ।"

किसान ने अपनी दाढ़ी खुजलाई और कहा, "हमारी औरतें तो गोटे नहीं बुनतीं।"

माँ ने कनखियों से उसे अच्छी तरह देखा और जैसे यों ही कह गई, "आज रात के लिए तुम अपने यहाँ मुझे जगह दे सकते हो ?"

किसान ने जवाब दिया, "क्यों नहीं। लेकिन मेरी झोंपड़ी..."

"तुम कोई चिन्ता मत करो," माँ ने कहा, "मेरा सूटकेस..."

"वह चला जाएगा," किसान ने पुकारा, "मारका !"

लड़की सामने आ गई तो किसान ने उससे कहा, "मारका, इन्हें मेरे घर पहुँचा दो। इनका सूटकेस लेकर मैं जल्दी ही आ रहा हूँ।" कहकर वह चला गया।

20

वह किसान एक मेज़ पर बैठा उसे उँगलियों से बजा रहा था। माँ अन्दर आई तो किसान ने उसे घूर के देखा और कहा, "आ जाओ।" और फिर चिल्लाया, "तात्याना, जाओ, प्योत्र को तुरन्त बुला लाओ।"

तात्याना चली गई तो माँ किसान के सामने एक बेंच पर बैठ गई और इधर-उधर देखने लगी। उसका सूटकेस वहाँ कहीं दिखाई न पड़ा तो उसने पूछा, "मेरा सूटकेस कहाँ है ?"

किसान ने अपने कन्धे उचकाए। बोला, "वह खोएगा नहीं। मैंने रख दिया है। वह बड़ा भारी है।"

"कहाँ रखा है ?" माँ ने शंकित होकर पूछा।

किसान मेज़ से उठकर माँ के पास आ गया और फुसफुसाकर पूछा, "तुम उस आदमी को जानती हो न, राइबिन को ?"

"हाँ," माँ ने दृढ़ स्वर में कहा, गोकि इस सवाल से वह चौंक उठी थी।

"उसने तुम्हें देख लिया था। उसी ने तुम्हारे बारे में मुझे फुसफुसाकर बताया था।"

"क्या बताया था ?" माँ ने सीधे पूछा, क्योंकि अब वह सच्ची बात जाने लेने के लिए तैयार हो गई थी।

"उसने बताया कि फिर पर्चे आ गए हैं, बहुत-सारे ! वाह, क्या आदमी है वह ! उसे जो कहना होता है सीधे मुँह पर कह देता है, किसी से नहीं डरता ?"

माँ ने राहत की साँस ली। लेकिन राइबिन की याद आते ही वह सिसक उठी और अफ़सर को गालियाँ देने लगी। बोली, "उनका सत्यानाश हो !"

"वे बहुत शक्तिशाली हैं," किसान सिर लटकाकर कहा।

"उन्हें शक्ति कहाँ से प्राप्त होती है ?" माँ उससे बहस करने लगी।

किसान ने कोई जवाब न दिया तो माँ ने ख़ुद कहा, "वे हमीं से शक्ति प्राप्त करते हैं, हमीं से सभी-कुछ प्राप्त करते हैं।"

"सो तो है," वह सिर हिलाते हुए बोला। फिर अचानक बाहर से आवाज़ सुनकर बोल पड़ा, "वे आ रहे हैं।"

"कौन ?"

"हमारे दोस्त।"

तात्याना के पीछे-पीछे एक किसान आया। वह सीधे झोंपड़ी के किसान के पास जाकर बोला, "कहो, क्या बात है ?"

चूल्हे के पास से तात्याना ने पूछा, "मेहमान के लिए कुछ खाने को लाऊँ ?"

"नहीं, मेरी प्यारी बेटी," माँ ने कह दिया।

दूसरा किसान माँ के पास आकर जल्दी से बोला, "मेरा नाम प्योत्र है। मैं तुम्हारे काम के बारे में थोड़ा-बहुत समझता हूँ। थोड़ा पढ़ना-लिखना मुझे आता है।"

माँ ने उसकी ओर हाथ बढ़ाया, तो उसने उसे जकड़ लिया। फिर पहले किसान की ओर मुँह करके बोला, "स्तेपन, तुम ख़ुद सोचो ! वारवारा एक मेहरबान औरत है, लेकिन वह इस काम को नुकसानदेह समझती है। उसका कहना है कि लड़के और विद्यार्थी लोगों के दिमाग़ में बेकार की बातें भर रहे हैं। लेकिन मैं जानता हूँ और तुम भी जानते

हो कि आज एक सौ फ़ीसदी किसानों को उन्होंने गिरफ़्तार किया है। और इस माँ को देखो, यह कोई रईसज़ादी नहीं है, क्यों माँ ?"

माँ ने अपना परिचय दे दिया, तो वह बोला, "यह बहुत ही अच्छा काम है, स्तेपन। लोग अब आगे बढ़ना चाहते हैं, उन्हें यातनाओं की परवाह नहीं है।"

"मैं समझ रहा हूँ," स्तेपन ने कहा, "माँ को अपने सूटकेस की चिन्ता है।"

प्योत्र ने माँ को आँखें झपकाकर देखा। फिर बोला, "तुम चिन्ता न करो, माँ। सब ठीक रहेगा। तुम्हारा सूटकेस मेरे पास है। मैंने स्तेपन को सावधान कर दिया है कि सूटकेस के बारे में किसी से कुछ न कहे। अगर तुम वह सब हमें दे सको तो हमें बड़ी ख़ुशी होगी। हम उन्हें बाँट देंगे।"

"मैं तो इतना ही चाहती हूँ कि वे ठीक हाथों में पहुँचें," माँ ने कहा, "मैं तो राइबिन को देने आई थी।"

"राइबिन को वे ले गए, लेकिन हम हैं, माँ !" प्योत्र बोला, "यह हमारा सौभाग्य है कि तुम हमें मिल गईं। पर्चों ने यहाँ बहुत अच्छा काम किया है। हमारी आँखों के सामने से अन्धकार दूर हुआ है। राइबिन तुम्हारा सम्बन्धी है, माँ ?"

"वह मेरा सम्बन्धी नहीं है, लेकिन हमारा परिचय बहुत पुराना है। मैं उसे अपने भाई की तरह मानती हूँ।" कहकर माँ सिसकने लगी।

"सुना तात्याना !" प्योत्र ने चूल्हे के पास बैठी औरत को सम्बोधित किया, "यह माँ उसकी बहन है।"

"उसकी शादी हुई है ?" तात्याना ने माँ से पूछा।

"नहीं, वह विधुर है," माँ ने बताया।

"तभी तो वह इतना साहसी है," तात्याना ने कहा।

"लेकिन मैं तो शादीशुदा हूँ," प्योत्र ने कहा, "मेरे बारे में तुम्हारा क्या ख़्याल है ?"

"तुम लोग तो कोने में बैठकर सिर्फ़ बातें करते हो और किताबें पढ़ते हो। इससे लोगों का क्या फ़ायदा होनेवाला है ?" तात्याना ने साफ़-साफ़ कहा।

चोट खाकर प्योत्र बोला, "ऐसा तुम क्यों कहती हो ? बहुत सारे लोग मेरी बातें सुनते हैं। मैं कई बरसों से यहाँ काम कर रहा हूँ।"

"एक किसान आख़िर शादी क्यों करता है ?" तात्याना ने फिर कहा, "सिर्फ़ औरत से काम कराने के लिए न।"

"बस करो, तात्याना," स्तेपन ने कहा।

"इस काम में क्या है ?" तात्याना फिर भी न मानी, "चाहे जितना काम करो, कभी भर-पेट खाना नहीं मिलता। बच्चे हुए तो उन्हें देखने-भालने की फुर्सत नहीं मिलती।" वह चूल्हे के पास से उठकर माँ के पास आ बैठी और बिना किसी शिकायत के बोलती गई, "मेरे दो बच्चे हुए। एक अपने पर गर्म पानी गिराकर जल मरा और दूसरा समय के पहले ही पैदा होकर मर गया। क्यों ? सिर्फ़ इस काम के बोझ के कारण। मुझे फुर्सत होती तो बच्चा ख़ुद गर्म पानी उठाने क्यों जाता और मैं थोड़ा आराम करती तो मेरे पेट का बच्चा क्यों मरता ?" कहते-कहते वह सिसक उठी।

"तुम ठीक कहती हो मेरी बच्ची," माँ ने उसकी पीठ सहलाते हुए कहा, "जब तक हम यह ज़िन्दगी नहीं बदल देते हमें आराम नहीं मिलेगा।"

"तुम्हारा आदमी है, माँ ?"

"नहीं। मेरे एक लड़का है।"

"वह तुम्हारे साथ रहता है ?"

"वह जेल में है। यह दूसरी बार उन्होंने उसे जेल में डाल दिया है। उसी ने तुम लोगों का पर्चा शुरू कराया। उसी ने राइबिन को यह रास्ता दिखाया था। कितने ही लोग अब यह काम कर रहे हैं और कितने ही लोग और इस रास्ते पर आ रहे हैं। यह काम सारी दुनिया में हो रहा है। हर देश का मज़दूर और किसान अब उठ खड़ा हुआ है। यह आन्दोलन रोज़-रोज़ ज़ोर पकड़ता जा रहा है। हम सब ग़रीबों को इसमें शामिल होना चाहिए और उन बहादुरों की मदद करनी चाहिए जो हमारे ही लिए जेलों की यातना सहते हैं, अफ़सरों की मार बर्दाश्त करते हैं।"

"यही बात है, यही बात है !" प्योत्र ने कहा।

स्तेपन ने तात्याना की ओर देखकर कहा, "यह काम हमारी ज़िन्दगी

का काम है। इसके लिए सब कुछ कुर्बान किया जा सकता है।"

माँ ने दीवार से टेक लगा ली।

तात्याना कह रही थी, "तुम और कुछ कहो, माँ! तुम्हारी बातें सीधे दिल को छूती हैं। तुम्हारी बातें सुनकर मैं सोच रही थी, कि हे भगवान, मैं उन बहादुरों को एक नज़र देख पाने के लिए क्या नहीं न्योछावर कर सकती! हमारी ज़िन्दगी क्या है? हम तो भेड़ों के झुंड की तरह हैं। मालिकों के हुक्म पर चलने के सिवा और हम क्या करते हैं?..."

"हमें अब कुछ खाने को दो तात्याना और चिराग़ बुझाओ," स्तेपन ने कहा, "देर तक चिराग़ जलते देखकर लोग सन्देह करेंगे। हमारे लिए तो कोई बात नहीं, लेकिन अपनी मेहमान का हमें ख़्याल रखना है।"

तात्याना उठकर चूल्हे के पास चली गई।

21

"आ गई?" दरवाज़े पर स्वागत करते हुए इवानोविच ने कहा, "बड़ी जल्दी आ गई तुम। लाओ, यह सूटकेस मुझे दो।"

वह सीधे उसे खाने के कमरे में ले गया और उसके सामने कुछ खाने की चीजें रखकर बोला, "पिछली रात वे तलाशी लेने आए थे तो भय हुआ कि कहीं तुम पकड़ न ली गई हो। लेकिन उन्होंने मुझे गिरफ़्तार न किया तो आश्वस्त हुआ कि तुम सुरक्षित हो। तुम पकड़ ली गई होती तो वे मुझे भी ले जाते। मेरी नौकरी अब छूट जाएगी, लेकिन चिन्ता की कोई बात नहीं है।"

कमरे की हालत बहुत खराब थी। सब चीजें उलट-पुलटकर रख दी गई थी। दीवारों को तस्वीरें फर्श पर पड़ी थीं। दीवारों के कागज़ों को नोच-नाच दिया गया था। चूल्हे को उलट दिया गया था। राख बिखरी हुई थी।

"मेरा ख्याल है कि वे फिर आएँगे," इवानोविच ने कहा, "इसलिए मैंने सब चीजों को ज्यों-का-त्यों छोड़ दिया है। अच्छा, अब अपनी यात्रा

के विषय में बताओ।''

राइबिन की तस्वीर फिर माँ की आँखों के सामने नाच उठी। उसे अफ़सोस हुआ कि राइबिन के बारे में उसने पहले ही क्यों न सब बताया। वह इवानोविच की ओर झुककर संयत स्वर में पूरा विवरण सुना गई।

इवानोविच के चेहरे पर एक कठोरता आ गई। उसने दाँतों से होंठ काटे। उसकी नाक का बाँसा काँप उठा। माँ ने उसे पहले कभी इस हालत में न देखा था। वह डर गई।

वह जेबों में हाथ ठूँसे फ़र्श पर टहलने लगा।

''वह एक महान क्रान्तिकारी है !'' दाँतों के बीच से इवानोविच बोला, ''जेल में उसे वे बड़ी-बड़ी यातना देंगे ? ज़रा इस अत्याचार के बारे में सोचो ! एक मुट्ठी-भर क्रूर लोग जनता का गला घोंट रहे हैं, जनता को कुचल रहे हैं ! क्रूरता आज जीवन का क़ानून बन गई है। ज़रा सोचो ! वे जंगली खूँखार जानवरों की तरह लोगों पर टूट रहे हैं। क्रूरता के इस जीवन में विवश होकर तुम्हें भी क्रूर बनना पड़ता है...''

माँ सिर झुकाकर रोने लगी थी।

''रोओ नहीं, कॉमरेड !'' इवानोविच ने अपनी आवाज़ नर्म करके कहा, ''यह सब बहुत दिनों तक नहीं चलेगा। ज़ुल्मों का मुकाबला करनेवाले भी अब पैदा हो गए हैं। तुमने पावेल और उसके साथियों को संगीनों के सामने सीना ताने हुए खड़े देखा है ! तुमने राइबिन को आँख उठाकर पुलिस-अफ़सर से बातें करते देखा है ! रोओ मत, कॉमरेड ! अत्याचारी इस महान शक्ति को तोड़ नहीं सकते ! उन्हें झुकना होगा !''

माँ ने आँसू पोंछ लिए और मुस्कुराने की कोशिश करने लगी।

''वे फिर तलाशी लेने आनेवाले हैं। हमारा घर खुफिया पुलिस के घेरे में है। उन्होंने तुम्हें सूटकेस लेकर अन्दर आते हुए देखा होगा। हमें चाहे जितना दुख हो, लेकिन वह सब अभी जला देना चाहिए।''

''क्या सब ?'' कुछ न समझकर माँ ने पूछा।

''वही सब, जो सूटकेस में है।''

माँ ने अब समझा। उसके होंठों पर अपनी कारगुज़ारी की मुस्कान उभर आई। वह इवानोविच के हाथ पर अपना हाथ रखकर बोली,

''सूटकेस में कुछ भी नहीं है।'' और उसने प्योत्र, स्तेपन और तात्याना के बारे में सब कुछ सुना दिया।

''शाबाश !'' इवानोविच ने माँ का हाथ अपने हाथों में लेकर कहा, ''तुम बड़ी ही भाग्यवान हो ! लोगों में तुम्हारा अद्‌भुत विश्वास है ! तुम मेरी अपनी माँ हो ! तुम लोगों का कितना सुन्दर वर्णन करती हो ! तुम लोगों को कितनी गहराई से जानती हो ! वाह !''

माँ ने इतनी प्रशंसा जीवन में कभी भी न सुनी थी। मारे शर्म और ख़ुशी के उसकी आँखों से आँसू झरने लगे।

''मैं तात्याना को साफ़-साफ़ अपनी आँखों के सामने देख रहा हूँ...लोग देखने लगे हैं, सोचने लगे हैं, बेचैन होने लगे हैं। हमें उनमें काम करने के लिए हज़ारों लोग चाहिए। हम एक मिनट भी नहीं खो सकते, माँ !

''पावेल और नाखोद्‌का छूट आते तो...''

उसने माँ की आँखों की ओर देखकर सिर झुका लिया। बोला, ''हमारे पुर्जे का जवाब पावेल ने भेज दिया है। तुम्हें बताते हुए मुझे अफ़सोस हो रहा है कि वह जेल से भागकर आना नहीं चाहता। वह मुकदमे में सज़ा पाकर सायबेरिया जाना चाहता है और वहाँ से भागकर आना चाहता है। वह कहता है, एक क्रान्तिकारी को सब अनुभव प्राप्त करना बाहिए। ख़ैर, मैं चाहता हूँ कि वे तुम्हारे किसान शहर से अपना सम्बन्ध जल्दी ही क़ायम कर लें। किसानों के लिए इस समय राइबिन के विषय में पर्चा छपवाना ज़रूरी है। आज ही लिखकर मैं छपवा दूँगा। लेकिन पर्चा गाँवों में कैसे पहुँचेगा ?

''मैं ले जाऊँगी।''

''नहीं, धन्यवाद।...मैं सोच रहा हूँ कि क्या निकोलाइ यह काम कर सकता है।''

''मैं उससे कहूँ ?''

''हाँ। तुम्हें उसे सब सिखाना ही होगा।''

''फिर मैं क्या करूँगी ?''

''उसकी चिन्ता मत करो। यहाँ कामों की कमी नहीं, काम करनेवालों की कमी है। चलो, तुम नहा-धो लो, तब तक मैं पर्चा लिखता हूँ।''

लेकिन माँ ने पहले चूल्हा ठीक किया, फ़र्श को साफ़ किया और तस्वीरों को उसकी जगह पर टाँगा। फिर चूल्हा जलाकर वह नहाने-धोने लगी।

नहा-धोकर वह रसोई में आई तो इवानोविच ने लेख उसके हाथ में थमाते हुए कहा, "इसे कहीं छिपाकर रख दो। शाम को छापेखाने जाएगा।"

शाम को डॉक्टर इवान आ टपका। हँसते हुए बोला, "अचानक अधिकारियों का दिमाग़ खराब हो गया है, क्या बात है ? पिछली रात उन्होंने सात जगह तलाशियाँ लीं।"

"मालूम है," इवानोविच ने कहा, "लेकिन इस समय तुम यहाँ क्या करने आ गए ? हमारा ख़्याल है कि वे फिर आएँगे। इसलिए तुम जाओ। माँ, वह लेख तो इसे दे दो।"

"नया लेख है ?"

"हाँ, इसे हमारे छापेखाने में अभी पहुँचवा देना। बहुत ज़रूरी है।"

माँ ने लेख अपने ब्लाउज़ के अन्दर से निकालकर दे दिया, तो वह बोला, "और कोई काम ?"

"नहीं। दरवाज़े पर खुफिया है, ध्यान रखना।"

"मैंने देखा है। मेरे दरवाज़े पर भी एक है। कब्रिस्तान की वह लड़ाई बहुत अच्छी रही। शहर में उसकी ख़ूब चर्चा है। उसके विषय में तुम्हारा वह पर्चा बहुत अच्छा था।"

"ठीक है, अब तुम जाओ ! नमस्ते !"

डॉक्टर चला गया तो वे खाने पर बैठ गए। इवानोविच ने कहा, "जल्दी खा-पीकर तुम सो जाओ माँ। तुम बहुत थकी होगी। फिर न जाने वे कब आ धमकें।"

22

रसोई के दरवाज़े पर खटखटाहट की आवाज़ सुनकर माँ जाग उठी। आवाज़ लगातार आ रही थी। माँ ने जल्दी से एक शाल शरीर पर डाला

और दरवाज़े पर जाकर पुकारा, "कौन है ?"

"मैं हूँ," एक अजनबी आवाज़ आई।

"मैं कौन ?"

"दरवाज़ा जल्दी खोलो माँ।"

माँ ने माँ शब्द सुनकर, आवश्स्त होकर जल्दी से चिटकनी खोली। अन्दर आकर, दरवाज़ा बन्द कर एक लड़का ख़ुश होकर बोला, "मैं ठीक जगह पर पहुँच गया।"

वह कमर तक कीचड़ में लिपटा था। उसका चेहरा भूरा था। उसकी आँखें धँसी हुई थीं। उसके सिर के अँगुठिया बाल टोपी के चारों ओर बिखरे थे।

"हम परेशानी में हैं, माँ।"

"मुझे मालूम है।"

लड़का आश्चर्य में पड़ गया। उसने पलकें झपकाकर पूछा, "तुम्हें कैसे मालूम ? मुझे पहचान गई ?"

"हाँ, तुम राइबिन की झोपड़ी में मिले थे न ? क्या नाम है तुम्हारा ?"

"इग्नाट।"

"ठीक है।"

"राइबिन चाचा के साथ पाँच किसान पकड़ लिए गए। मैं भाग निकला।"

"कैसे ?"

"हमें ख़बर मिली तो मैंने राइबिन चाचा से भागने को कहा। लेकिन उनके लिए भागना असम्भव है। बोले, तुम शहर माँ के पास जाओ। मैं चिट्ठी देता हूँ।" उन्होंने तुरन्त यह चिट्ठी घसीटी और उसे लेकर मैं भाग निकला। वे बहुत सारे थे। लेकिन मैं झाड़ियों में लुकते-छिपते बच गया। दो रात और एक दिन लगातार भागकर मैं यहाँ पहुँचा हूँ।"

माँ ने अपने कमरे में ले जाकर उसे बैंच पर बैठाया और कहा, "मैं तुम्हारे लिए अभी चाय बनाती हूँ।"

माँ रसोई में चली गई, तो इवानोविच ने इग्नाट के पास आकर

कहा, "नमस्ते, साथी !"

इग्नाट ने हँसते हुए उसकी ओर देखा, तो वह झुककर उसकी टाँगों से वह मैली-कुचैली कपड़े की पट्टी खोलने लगा, जिसे किसान मोजे की तरह इस्तेमाल करते हैं।

"नहीं," लड़का बोला और उसने अपना पैर खींच लिया।

माँ ने आकर कहा, "इसके पाँवों में वोद्का की मालिश करनी पड़ेगी। तुम यह चिट्ठी पढ़ो तो।"

इवानोविच ने वह मुड़ी-तुड़ी चिट्ठी खोलकर पढ़ी, "माँ, हमारे काम को ध्यान में रखना और उस लम्बी औरत से कहना कि वह हमें भुला न दे और हमारे काम के बारे में बराबर लिखे। नमस्ते राइबिन।"

"वाह !" इवानोविच ने मुस्कुराते हुए कहा।

इग्नाट अपने पाँवों के अँगूठों को गरमाने के लिए एक-दूसरे से रगड़ रहा था। माँ अपने आँसुओं को छिपाने की कोशिश करती हुई एक बेसिन में गर्म पानी लेकर आई और नीचे रखकर इग्नाट के पाँवों की ओर अपने हाथ बढ़ाए, तो लड़का अपने पाँव बेंच के और नीचे करते हुए परेशान होकर बोला, "नहीं माँ, यह नहीं हो सकता।"

"अपना पैर दो, वक़्त बर्बाद न करो," माँ ने कहा, "मैं तुम्हारी माँ हूँ, नहीं ?"

"मैं वोद्का ला रहा हूँ," इवानोविच ने कहा।

इग्नाट ने अपना सिर फेर लिया। माँ उसके पाँवों से कपड़े के टुकड़े खोलते हुए बोली, "उन्होंने राइबिन को बहुत पीटा।"

लड़के का चेहरा काला पड़ गया। वह सूखे गले से बोला, "सच ?"

"हाँ," माँ उसका पाँव धोती हुई सब बता गई।

"किसानों ने उसका पक्ष नहीं लिया ?" लड़के ने पूछा।

"पहले लिया था। उन्होंने राइबिन को छुड़ा भी लिया था, लेकिन जब पुलिस-अफ़सर आया, तो वे डर गए।"

इवानोविच एक बोतल वोद्का रखकर चुपचाप चला गया तो इग्नाट ने पूछा, "यह कोई डॉक्टर हैं ? कोई बड़े आदमी मालूम देते हैं।"

"नहीं, यह भी हमारे साथियों में से एक हैं।" माँ ने बताया।

"बड़ा अजीब लगता है," इग्नाट की मुस्कुराहट में सन्देह था।

"क्या अजीब लगता है ?" माँ ने पूछा।

"एक ओर वे तुम्हारे लिए तुम्हारी नाक तोड़ देते हैं और दूसरी ओर वे तुम्हारे ही लिए तुम्हारे पाँव धोते हैं ? इनके बीच क्या है ?"

इवानोविच ने आकर कहा, "इनके बीच वे लोग हैं जो तुम्हारी नाक तोड़नेवालों के तलवे चाटते हैं और तुम्हारा ख़ून चूसते हैं। समझे ?"

"आप शायद ठीक कहते हैं," इग्नाट ने कहा।

माँ उसके पाँव धो चुकी और वोद्का से उनकी मालिश कर दी तो इग्नाट खड़े होकर दो-चार क़दम चला।

"धन्यवाद, माँ," वह कृतज्ञता से भरकर बोला, "मेरे पाँव अब बिल्कुल ठीक हैं।"

वहाँ से उठकर वे खाने के कमरे में चाय पीने गए। वहाँ लड़के ने अपनी जीवन-कथा सुनाकर कहा; "मैं भागने-दौड़ने में माहिर हूँ। मैं ही पर्चे बाँटता था।"

"क्या देहात में पर्चे काफी लोग पढ़ते हैं ?" इवानोविच ने पूछा।

"हाँ, जो पढ़ सकते हैं, सब पढ़ते हैं," इग्नाट ने कहा, "धनी लोग भी पर्चे ज़रूर पढ़ते हैं, लेकिन वे हमसे नहीं लेते। वे बड़े तेज़ हैं और यह बात समझ गए हैं कि किसान ज़मींदारों से खेत छीनने के लिए उनका ख़ून बहाएँगे।"

"हमने राइबिन की गिरफ़्तारी के बारे में एक पर्चा तैयार किया है," इवानोविच ने कहा, "अब उस पर्चे को देहात में कैसे बाँटा जाए, समझ में नहीं आता।"

इग्नाट चौकन्ना होकर बोला, "क्या पर्चा तैयार हो गया है ?"

"हाँ।"

"तो फिर मुझे दीजिए, मैं ले जाऊँगा," लड़के ने अपने हाथ रगड़ते हुए कहा।

"लेकिन तुम थक गए हो," इवानोविच ने कहा, "और मुझे लगता है कि अभी तुम पुलिस से डरते भी हो ?"

इग्नाट ने अपनी चौड़ी हथेली से सिर के बाल ठीक करते हुए कहा, "डरना एक चीज़ है और काम करना दूसरी चीज़।"

सुनकर वे हँसने लगे, तो इग्नाट चिढ़कर बोला, "आप हँस क्यों रहे हैं, अच्छे आदमी हैं आप लोग भी !"

"ओ मूर्ख लड़के" माँ ने हँसते हुए कहा।

"मैं अभी लड़का हूँ क्या ?" इग्नाट शरमाकर बोला।

"तुम्हें अभी वहाँ नहीं जाना है," इवानोविच ने कहा।

"क्यों नहीं ? फिर मैं कहाँ जाऊँगा ?" बेचैन होकर इग्नाट बोला।

"पर्चा लेकर कोई और जाएगा। तुम उसे बता देना कि उसे कहाँ जाना है, किससे मिलना है और कैसे मिलना है। समझे ?"

"ठीक है, लेकिन मैं ?" निराश होकर इग्नाट ने पूछा।

"तुम्हारा नाम बदलकर हम तुम्हें जंगल के महकमे में चौकीदार की जगह दिला देंगे।" इवानोविच ने बताया।

"जंगल में किसान लकड़ियाँ चुराने आएँगे, तो मुझे उन्हें पकड़ना होगा, नहीं, यह काम मैं नहीं कर पाऊँगा।"

माँ फिर हँस पड़ी, तो इवानोविच भी हँस पड़ा। लड़का जैसे चोट खाकर बेचैन हो उठा।

"परेशान न होओ," इवानोविच ने उसे समझाया, "तुम्हें किसानों को पकड़ने की ज़रूरत नहीं पड़ेगी।"

"लेकिन मैं तो किसी कारख़ाने में काम करना चाहता था," इग्नाट ने सिर झुकाकर कहा, "सुना है, मज़दूर बहुत तेज़ होते हैं।"

"अच्छा," माँ ने कहा, "अब तुम उठो और चलकर चुपचाप सो जाओ।"

"मुझे नींद नहीं आ रही है।"

"कुछ नहीं, चलो !" माँ ने डाँटकर कहा।

23

उसी शाम इग्नाट को लेकर माँ निकोलाइ के पास पहुँची। एक तहख़ाने में एक टीन के मिस्त्री की यह जगह थी। चारों ओर टिन के टुकड़े और टूटे-फूटे बक्से पड़े हुए थे। एक चिराग़ चल रहा था। माँ ने तुरन्त

उनका परिचय कराया और इग्नाट से बताने के लिए कहा।

इग्नाट बताने लगा, ‘‘सबसे पहले तुम मुरातोव जाओगे। ठीक है ?’’

‘‘हाँ, मैं सबसे पहले मुरातोव जाऊँगा।’’

‘‘वहाँ तुम बाबा का पता पूछोगे, ठीक है ?’’

"हाँ, मुरातोव में मैं बाबा का पता पूछूँगा।"

"वे जहाँ कहेंगे, वहाँ तुम जाओगे। सामने ही तुम्हें तीन खिड़कियों और एक दरवाज़ेवाला मकान मिलेगा। ठीक है ?"

"हाँ, आगे कहो।"

"तुम तीसरी खिड़की, याद रखो, तीसरी खिड़की पर चार बार उँगली ठोकोगे।"

"तीसरी खिड़की पर चार बार।"

"कैसे ?"

"बताओ ?"

"ऐसे," इग्नाट ने मेज़ पर उँगली से बजाकर बताया, "पहले लगातार तीन बार ठक-ठक-ठक। ठीक है ?"

"ठीक है।"

"फिर ज़रा रुककर तुम उँगली ठोकोगे।"

"इस तरह, टा-टा-टा—टा। ठीक है, न ?"

"तब दरवाज़ा खुलेगा और लाल सिरोंवाला एक किसान तुमसे पूछेगा, "तुम्हें कोई नर्स चाहिए क्या ?"

"ठीक है, फिर मैं क्या जवाब दूँगा ?"

"तुम कहोगे, "हाँ, कारख़ाने के मालिक की बीवी के लिए।" समझे ?"

"हाँ, कारख़ाने के मालिक की बीवी के लिए।"

दोनों लड़के सिर से सिर जोड़कर बातें कर रहे थे और माँ मुस्कुराती हुई उनकी बातें सुन रही थी और सोच रही थी, ये मेरे बेटे कितने होशियार हो गए हैं। कैसे-कैसे गुप्त संकेत-शब्दों का इन्होंने आविष्कार कर लिया है।

अन्त में इग्नाट ने कहा, "उन्हें मेरा अभिवादन करना, समझे ?"

"हाँ।"

"अब मैं जाऊँ, माँ ?" इग्नाट ने माँ से पूछा।

"तुम अकेले चले जाओगे ?"

"हाँ।"

वह चला गया तो निकोलाइ बोला, "आख़िर मुझे एक काम मिला।

मैं यहाँ बेकार पड़ा-पड़ा ऊब रहा था!...पावेल ने क्या तय किया, माँ ?''

''मुझे नहीं मालूम।''

''उसे तुम समझाओ, माँ, वह तुम्हारी बात नहीं टालेगा।'' वहाँ से भागना कितना आसान है ! तुम यों समझो। यह जेल की दीवार है, इसके पास ही सड़क की बत्ती का खम्भा है। रोज़ एक आदमी बत्ती साफ़ करने आता है। वह दीवार से लगाकर एक सीढ़ी खड़ी करता है और उस पर चढ़कर एक रस्सा अन्दर लटका देता है। यह सब पहले से ही निश्चित एक समय पर होता है।

जेल के अन्दर कोई लड़ाई छेड़ दी जाती है। अधिकारी उसमें फँस जाते हैं और भागनेवाला कैदी रस्सा पकड़कर दीवार पर आता है और सीढ़ी से उतरकर भाग निकलता है।''

कहकर उसने माँ की ओर देखा। माँ ने यों ही कह दिया, ''वे जाने !''

''तुम उससे कहो तो !''

''देखूँगी।''

कहकर माँ तहख़ाने से बाहर आ गई। वह सोच रही थी कि यह सब इतना आसान है तो पावेल क्यों तैयार नहीं होता ?

घर पहुँची तो इवानोविच उसका इन्तज़ार कर रहा था। उसने बताया, ''पावेल का जवाब आ गया। वह तैयार नहीं है।''

उदास होकर माँ ने पूछा, ''क्या लिखा है ?''

जेब से पुर्ज़ा निकालकर इवानोविच ने पढ़ना शुरू किया, ''साथियो। हम भागने की कोशिश नहीं करेंगे, क्योंकि हमारा ख़्याल है कि ऐसा करने से आत्मसम्मान को धक्का लगेगा। कृपाकर उस किसान की मदद करने की कोशिश करें, जो हाल ही में गिरफ्तार हुआ है। उसके लिए जो भी ज़रूरी हो, अवश्य करना चाहिए। जेल में उसे बड़ी यातना दी जा रही है। रोज़ वह अधिकारियों से लड़ पड़ता है और उसे अँधेरी कोठरी में बन्द कर दिया जाता है। लगता है कि उसे यहाँ मार डाला जाएगा। हम सब साथी उसकी ओर से आप लोगों से अपील करते हैं। मेरी माँ का ध्यान रखें। उसे सब बता दें।''

माँ ने शान्त स्वर में काँपते हुए कहा, "मुझे क्या बताना है ? मैं सब समझती हूँ।"

"मेरे पास पिटर्सबर्ग से एक साथी की चिट्ठी आई है। वह लिखता है कि पावेल वगैरह का मुकदमा जल्दी ही शुरू होनेवाला है। उन्हें जलावतनी की सज़ा मिलेगी, यहाँ यह तय हो चुका है।"

"सायबेरिया से तो उन्हें भगाया जा सकेगा ?" माँ ने पूछा।

"हाँ, सो तो हो सकता है," इवानोविच ने कहा, "लेकिन यह मुकदमा और फैसला कितना बड़ा मज़ाक है। अभी मुकदमा शुरू भी नहीं हुआ और पिटर्सबर्ग में उसका फैसला दे दिया गया।"

"जाने दो, बेटा।"

इवानोविच ने कहा, "मैंने सशा को इसी काम के लिए बुला भेजा है। काश मेरी बहन इस समय यहाँ होती ?"

उसी समय घंटी बजी।

माँ ने दरवाज़ा खोला। सशा ने छूटते ही पूछा, "उसने इनकार कर दिया ?"

"हाँ।"

"मुझे मालूम था," सशा ने कहा। उसका चेहरा सफ़ेद हो गया था।

"उसने लिखा है कि हमें राइबिन को जेल से निकाल लेना चाहिए।"

"ठीक है, हमने निकालने की योजना तो बनाई ही है, राइबिन को बचाने के लिए उसी का उपयोग करेंगे।

"मेरा भी यही ख़्याल है," इवानोविच ने वहाँ आकर कहा।

"तो फिर मैं चलती हूँ," सशा ने पाँव दरवाज़े की ओर बढ़ाते हुए कहा, "हमें एक मिनट भी बर्बाद नहीं करना चाहिए।"

24

तीसरे दिन सशा आई। उसने सूचना दी, "तैयारी पूरी हो गई है, आज एक बजे..."

"इतनी जल्दी ?" चकित होकर इवानोविच ने पूछा।

"क्यों ? सभी तैयारियाँ तो पहले से ही थीं। सिर्फ़ वक़्त तय करना था और राइबिन के लिए कपड़ों और ठहरने की जगह ठीक करना रह गया था। सो सब पूरा हो गया।"

"सशा, मैं भी तुम्हारे साथ चलूँगी," माँ ने अचानक कहा।

"तुम्हारी कोई ज़रूरत नहीं है, माँ," सशा ने कहा।

"नहीं, तुम क्यों जाओगी ?" इवानोविच ने भी कहा।

लेकिन माँ ने फिर भी कहा, "नहीं, मैं तो जाऊँगी।"

"मैं तुम्हारी बात समझती हूँ, माँ," सशा ने माँ के कन्धे पर हाथ रखकर कहा, "लेकिन तुम बेकार में आशा कर रही हो..."

सशा के हाथ जोर से पकड़कर माँ गिड़गिड़ा उठी, "बेटी, मुझे अपने साथ ले चलो, मेरी वजह से कोई बाधा नहीं पड़ेगी। मैं ज़रूर चलूँगी। मुझे तो विश्वास ही नहीं होता कि जेल से कोई भाग सकता है..."

"तो ठीक है," सशा ने कहा, "लेकिन तुम मेरे साथ नहीं रहोगी। तुम जेल के पास के खुले मैदानवाले बाग़ में चली जाओ। वहाँ से तुम सब देख सकती हो। लेकिन अगर तुमसे किसी ने पूछ-ताछ की, जैसे कि "तुम यहाँ क्या कर रही हो" तो तुम क्या जवाब दोगी ?"

"मैं कोई-न-कोई जवाब दे लूँगी," माँ ने ख़ुश होकर कहा।

"इस बात को मत भूलो कि जेल के चौकीदार तुमसे परिचित हैं," सशा ने सावधान किया, "जब वे तुम्हें वहाँ देखेंगे..."

"वे मुझे नहीं देख पाएँगे।"

माँ का मन मान ही न रहा था। वह बार-बार यही सोचती थी कि शायद मौका पाकर पावेल बाहर निकलने से अपने को न रोक सके।

एक घंटे के बाद ही माँ जेल के पीछे के बाग में पहुँच गई। आकाश में गहरे बादल दौड़ रहे थे। तेज़ हवा झपट्टे मार रही थी और ज़मीन से बर्फ़ उड़ा रही थी।

माँ जहाँ खड़ी थी, वहाँ से जेल की दीवार सत्तर फीट पर ही थी। उसके सामने कब्रिस्तान था, जिसके पास एक सिपाही अपने घोड़े को हवा खिला रहा था और एक दूसरा सिपाही खड़ा था।

अचानक माँ ने देखा, एक बूढ़ा बत्ती जलानेवाला जेल की दीवार के

कोने में कन्धे पर सीढ़ी लटकाए प्रकट हुआ। माँ की साँस रुक गई और टाँगें थरथराने लगीं। वह हू-ब-हू बत्ती जलानेवालों की ही तरह तेज़ क़दमों से चल रहा था। भय से आँखें झपकाते हुए माँ ने सिपाहियों की ओर देखा। वे एक जगह खड़े थे और उनके चारों ओर गोलाई में घोड़ा दौड़ रहा था। माँ ने फिर सीढ़ीवाले की ओर देखा, उसने दीवार से सीढ़ी लगा दी थी और आराम से सीढ़ी पर चढ़ रहा था। दीवार के ऊपर चढ़कर उसने जेल के अन्दर की ओर सिर करके हिलाया और जल्दी-जल्दी सीढ़ी से उतरकर ग़ायब हो गया। माँ का दिल धक-धक करने लगा। काली दीवार से लगी हुई सीढ़ी बड़ी मुश्किल से दिखाई दे रही थी। सहसा एक काला सिर दीवार पर प्रकट हुआ, फिर एक पूरा शरीर दिखाई दिया जो रेंग कर सीढ़ी से नीचे उतर गया। फिर एक दूसरा सिर दिखाई दिया और गेंद की तरह सीढ़ी से नीचे लुढ़क गया। राइबिन ने ज़मीन पर अपने शरीर को सीधा किया, एक नज़र इधर-उधर देखा और अपना सिर हिलाया।

"भागो, भागो।" माँ अपना पाँव धीरे से पटककर फुसफुसाई।

माँ के कानों में जैसे सनसनाहट हो रही थी। उसे अचानक जेल से आती तेज़ आवाज़ें सुनाई दीं। दीवार पर तीसरा सिर प्रगट हुआ। माँ ने अपने धक-धक करते सीने को दोनों हाथों से दबाया और साँस रोककर उधर देखने लगी। एक सफाचट चेहरे और लाल बालोंवाला सिर जैसे अपने को रस्से की उलझन से छुड़ा रहा हो। फिर वह सिर दीवार के उसी तरफ़ ग़ायब हो गया। जेल के अन्दर की आवाज़ें तेज़ हो गईं और सीटियों की आवाज़ें भी सुनाई देने लगीं। राइबिन दीवार के साथ-साथ चलकर, मैदान में आया। वह बहुत धीरे-धीरे और सिर उठाकर चल रहा था।

"जल्दी करो, जल्दी करो।" माँ फिर फुसफुसाई।

जेल के अन्दर से अचानक शीशे टूटने की झन्न से आवाज़ आई। एक सिपाही घोड़े का रस्सा पकड़कर खड़ा हो गया और दूसरा सिपाही अपने मुँह पर मुट्ठी रखकर जेल की ओर चिल्लाने लगा।

माँ चारों ओर सिर घुमाकर देखती वहाँ खड़ी थी। जो वह देख रही थी, उस पर उसे विश्वास ही न हो रहा था। जिस काम को वह बहुत

ही पेचीदा और जोख़िम का समझती थी, वह इतना आसान और इतनी जल्दी पूरा हो जानेवाला था, यह देखकर जैसे उसे ग़श-सा आ रहा था। राइबिन पहले ही ग़ायब हो चुका था। अब एक लम्बा आदमी लम्बा कोट पहने चल रहा था और उसके आगे-आगे एक लड़की चल रही थी। तभी जेल की दीवार के कोने पर तीन चौकीदार बढ़ते हुए दिखाई दिए। एक सिपाही उनकी ओर दौड़ पड़ा। दूसरा सिपाही बिगड़े हुए घोड़े पर चढ़ने की कोशिश कर रहा था। सीटियों की आवाज़ें लगातार आ रही थीं। उन आवाज़ों से माँ काँप उठी। ख़तरा महसूस कर वह कब्रिस्तान की चारदीवारी के पास-पास चलने लगी। उसकी निगाह चौकीदारों पर ही अटकी थी। लेकिन चौकीदार और सिपाही दीवार के दूसरे कोने में जाकर अदृश्य हो गए।

माँ अब तेज़-तेज़ चल रही थी। उसे लग रहा था कि तेज़ हवा भी ख़ुशी में नाच रही है। शोर और सीटी की आवाज़ें बराबर आ रही थीं, लेकिन इन आवाज़ों को सुनकर माँ को ख़ुशी ही हो रही थी। वह सोच रही थी कि चाहता तो पावेल भी...।

अचानक ही सिपाही उसकी बगल में प्रकट हो चीख पड़े, "रुको ! तुमने एक दाढ़ीवाले आदमी को इधर से जाते हुए देखा है ?"

माँ ने शान्ति से बाग की ओर इशारा करके कह दिया, "उधर शायद कोई दिखाई पड़ा था। क्यों ?"

वे बिना कोई जवाब दिए, सीटियाँ बजाते उधर भाग खड़े हुए।

माँ घर आई। उसे अफ़सोस था कि पावेल...।

इवानोविच ने ख़ुशी से उसका स्वागत किया, "क्या हुआ ?"

"सब ठीक ही हुआ," और माँ ने जल्दी-जल्दी पूरा विवरण दे दिया।

25

मुकदमा शुरू हुआ। कारख़ाने की बस्ती से कचहरी में आए हुए लोगों

ने माँ का स्वागत किया। सभी एक ही दुख से दुखी थे।

माँ के लिए बेंच पर जगह बनाते हुए सिम्मोव ने कहा, "मेरे पास बैठो।" माँ चुपचाप बैठ गई। उसकी आँखों के सामने जैसे तारे छिटक रहे थे।

उसकी बगल में बैठी हुई एक औरत ने कहा, "तुम्हारे बेटे के कारण ही मेरा ग्रिशा इस हालत को पहुँचा है।"

"ऐसी बात मत कहो, नाताल्या !" सिम्मोव गुस्सा होकर बोला।

माँ ने उस औरत की ओर देखा। फिर उसके पास ही बैठे हुए उसके आदमी को देखा। वह दुबला हो गया था और उसकी दाढ़ी काँप रही थी।

अचानक कोई ज़ोर की पुकार सुनाई दी। सब लोगों ने खड़े होकर सिर झुकाया तो माँ भी सिम्मोव का हाथ पकड़कर उठ खड़ी हुई। बाईं ओर एक बड़ा दरवाज़ा खुला और चश्मा पहने हुए बूढ़ा आदमी प्रकट हुआ। उसके ऊपर का होंठ, दाँत न होने के कारण लटका हुआ था। उसकी ठुड्डी और जबड़ा उसकी वर्दी के ऊँचे कालरों पर टिका हुआ था, जिससे लगता था कि उसकी गर्दन थी ही नहीं। उसके पीछे-पीछे कई और लोग आए। इन लोगों को अपनी-अपनी जगह पर बैठने में काफ़ी देर लगी।

सब ओर शान्ति छा गई तो बूढ़े ने मुँह आगे करके कहा, "मेरे हुक्म से मुज़रिमों को हाज़िर किया जाए।

"देखो !" सिम्मोव ने फुसफुसाकर माँ से कहा और खड़े होकर देखने लगा।

जंगले के पीछे का दरवाज़ा खुला। एक नंगी तलवार अपने कन्धे के ऊपर तक उठाए हुए एक सिपाही के पीछ-पीछे पावेल, नाखोद्का, फ्योदोर, दोनों गुसेव भाई, सामोइलोव, बुकिन, सोमोव और पाँच दूसरे युवक आकर जंगले में खड़े हो गए। पावेल माँ की ओर देखकर मुस्कुराया और नाखोद्का ने सिर हिलाया। मुज़रिमों के प्रसन्न चेहरों, मुस्कुराहटों और हरकतों के कारण कचहरी के कमरे के तनाव और पाखंड में कुछ कमी आ गई। उन्हें इस रूप में देखकर माँ का साहस लौट आया। उसने पीछे खड़े लोगों की भुनभुनाहट सुनी।

''लड़के कितने ख़ुश हैं !'' सिम्मोव फुसफुसाया।

''ख़ामोश !'' बूढ़ा चिल्लाया, ''मैं चेतावनी देता हूँ कि...''

''पावेल और नाखोदूका पहली बेंच पर बैठ गए। उनके साथ ही फ्योदोर, सामोइलोव और दोनों गुसेव भी बैठ गए। नाखोद्का ने अपनी दाढ़ी साफ़ कर दी थी, लेकिन मूँछें बढ़ा ली थीं, इससे वह बिल्कुल एक बिल्ले की तरह दिखाई दे रहा था।

माँ बूढ़े के सवालों और कैदियों के जवाबों को बड़े ध्यान से सुनने लगी। पावेल ने बड़ी शान्ति से संक्षेप में जवाब दिए। माँ को ऐसा लगा कि हाकिम उसके प्रति उतने क्रूर नहीं हो सकते। उसे आशा बँधी कि शायद मुकदमे का फ़ैसला बुरा न हो।

पुलिस के अफ़सर ने खड़े होकर एक दस्तावेज पढ़ा और चार वकीलों ने मुज़रिमों से ज़िरह की। वकीलों की हरकतें और चंचलता माँ को बिल्कुल काली चिड़ियों की तरह लगी। एक वकील के सवाल के जवाब में पावेल की दृढ़ आवाज़ सुनाई दी, ''यहाँ न तो कोई न्यायाधीश है और न कोई अपराधी। यहाँ सिर्फ़ कैदी और विजेता हैं !''

थोड़ी देर के लिए सन्नाटा छा गया। उस बीच में माँ ने केवल कलम चलने की आवाज़ सुनी।

''आन्द्रेइ नाखोद्का ! तुम इक़बाल करते हो कि...''

नाखोद्का धीरे से उठा। उसने कन्धों को सीधा किया। मूँछों पर ताव दिए और सीधे बूढ़े आदमी की ओर देखकर कहा, ''मैं अपने अपराध को कैसे स्वीकार कर सकता हूँ ? न तो मैंने किसी की हत्या की है और न कोई चोरी की है। मैंने तो सिर्फ़ ज़िन्दगी के उस ढंग का विरोध किया है, जिसके कारण लोग एक-दूसरे की हत्या और चोरी करते हैं...''

''अपना जवाब संक्षेप में दो !'' बूढ़े आदमी ने ऐलान किया।

माँ ने अपने पीछे के लोगों में एक हलचल महसूस की। लोग फुसफसा रहे थे और हिलडुल रहे थे, जैसे कि वे बूढ़े आदमी के शब्दों के जाल को तोड़ देना चाहते हों।

''फ्योदोर माम्मिन तुम जवाब दो !''

''मैं कोई जवाब नहीं दूँगा,'' उचककर फ्योदोर ने कहा। उसका

चेहरा लाल हो रहा था और आँखें चमक रही थीं, लेकिन उसने अपने हाथ पीछे बाँध रखे थे।

सिम्मोव का मुँह खुल गया और आश्चर्य से माँ की आँखें फैल गईं।

फ्योदोर कह रहा था, "मैं अपने बचाव के लिए किसी वकील को नहीं रखना चाहता। मैं इस मुकद्दमे को ग़ैर-क़ानूनी मानता हूँ! तुम लोग कौन हो? क्या जनता ने तुम लोगों को हमारा इंसाफ़ करने का अधिकार दिया है? नहीं, उसने नहीं दिया है! मैं तुम लोगों के अधिकार को अस्वीकार करता हूँ!"

कहकर वह बैठ गया और अपना उत्तेजित चेहरा नाखोद्का के कन्धे के पीछे छिपा लिया।

"सुना? इसने तो सबको काटकर फेंक दिया," सिम्मोव ने फुफसाकर कर माँ से कहा, "यह अब तक सबसे अच्छा रहा!"

माँ कुछ न समझकर भी मुस्कुराई। अब उसे लग रहा था कि यहाँ जो कुछ हो रहा है वह बेहद उबानेवाला और अनावश्यक है, यह केवल उस भयंकर चीज़ की भूमिका है जो उन सबको एक ठंडे सन्त्रास में दबोच लेगा। उसे पावेल और नाखोद्का की बातें बड़ी ही निर्भयतापूर्ण और सच्ची लगी थीं, जैसे कि वे उसके घर की किसी बैठक में ही बोली गई थीं, न कि कचहरी में। फ्योदोर की बातों ने उसके अन्दर एक ज़ोश पैदा कर दिया था। लड़के जिस साहस का प्रदर्शन कर रहे थे, उससे माँ ही नहीं, कचहरी के उस कमरे में उपस्थित दूसरे लोग भी निश्चय ही प्रभावित हो रहे थे।

"तुम्हारी राय क्या है?" बूढ़े आदमी ने पुलिस-अफसर से पूछा।

पुलिस-अफ़सर ने घटनाओं के विषय में एक भाषण ही दे डाला।

फिर एक सिपाही को पुकारा गया। उसने आकर सिर झुकाया और कहा, ""लोगों को भड़कानेवालों में पावेल सबसे आगे था।"

"नाखोद्का के बारे में तुम्हें क्या कहना है?"

"वह पावेल के साथ ही था।"

एक वकील ने खड़े होकर कहा, "हुज़ूर की इजाज़त मिले तो मैं एक शब्द कहूँ।"

"तुम्हें कोई आपत्ति है?" बूढ़े आदमी ने पूछा।

"आपत्ति तो नहीं है, लेकिन..."

"फिर बैठो चुपचाप !" बूढ़े आदमी ने कह दिया।

फिर कई सरकारी गवाहों ने, जिनमें अधिकतर सिपाही थे, आकर करीब-करीब एक ही तरह की बातें कहीं कि वे मुज़रिमों को जानते थे, कि वे ग़ैर-क़ानूनी काम करते थे।

सिम्मोव ने फुसफुसाकर माँ से कहा, "देखो, ये लड़के कितने मज़बूत हो गए हैं !"

अन्त में बूढ़े आदमी ने कहा, "मैं घोषणा करता हूँ कि..."

उसके आख़िरी शब्द उसके लटके हुए होंठों में ही ग़ायब हो गए। कमरे में जैसे एक ठंडी लहर फैल गई। सिसकियों, खाँसियों और ठंडी साँसों की आवाज़ों से कमरा भर गया। कैदियों को ले जाया गया। जाते समय वे मुस्कुराए और अपने सम्बन्धियों की ओर देखकर सिर हिलाया।

लोग ओसारों में आकर दल बना-बनाकर बातें करने लगे। सभी उत्तेजित थे और दबी हुई आवाज़ों में बातें कर रहे थे। सभी कुछ-न-कुछ बात करना चाहते थे। माँ उनकी बातें उत्सुकता से सुनना चाहती थी। वह मुकदमे के बारे में लोगों की राय जानना चाहती थी। उसे यह जानकर आश्चर्य हुआ कि वहाँ एक आदमी भी ऐसा न मिला, जो यह कहे कि इस मुकदमे में न्याय होगा। आख़िर वह सिम्मोव से बोली, "क्या मुकदमा सुनने का यही तरीका है ? उन्होंने सारा समय यह जानने के लिए लगा दिया कि किस अपराधी ने क्या किया, किसी ने यह जानने की कोशिश न की कि किसी अपराधी ने कुछ किया तो उसने क्यों किया ! ये सब-के-सब बूढ़े हैं। जवानों के मुकदमे की सुनवाई तो जवानों को करना चाहिए।

"बिल्कुल ठीक !" सिम्मोव ने कहा, "बूढ़े लोग जवानों की बातें क्या समझेंगे ?"

खाने की छुट्टी के बाद मुकदमा फिर शुरू हुआ। कचहरी के कमरे के दरवाज़े के सामने खड़े चौकीदार ने घोषणा की, "सिर्फ़ मुज़रिमों के सम्बन्धी ही कमरे के अन्दर आएँगे।"

लोग चिढ़ उठे और चौकीदार से बहस करने लगे।

एक बार फिर उसी तरह जज आकर अपनी कुर्सी पर बैठा। दूसरे अधिकारी आए। कैदी लाए गए।

माँ और सिम्मोव एक बेंच पर बैठ गए।

पुलिस-अफसर फिर खड़े होकर बोलने लगा। वह एक-एक कर सब कैदियों के बारे में बता रहा था। लेकिन वह कोई स्पष्ट बात न कर रहा था। वह सब पर एक ही तरह का इलज़ाम लगा रहा था।

माँ को यह देखकर आचश्र्य हुआ कि बूढ़े आदमी का सिर नींद की झपकी के कारण बार-बार मेज़ पर झूल-सा जाता था। वह चिढ़ उठी कि जब यह कुछ सुन ही नहीं रहा है तो क्या फ़ैसला देगा। उसे अब सचमुच अफ़सोस हुआ कि सबके कहने के बावजूद वह कचहरी से न्याय की उम्मीद क्यों लगाए बैठी थी ! वह मुक़दमे की कार्यवाही से उदासीन हो गई।

अब एक कोई वकील बोल रहा था। सिम्मोव ने कहा, ''सुनो ! यह हमारा वकील है ! यह ज़रूर कोई जोरदार बात कहेगा।''

बूढ़ा आदमी अब चौकन्ना होकर बैठ गया था। वह बार-बार वकील को टोकने लगा था। और वकील था कि एक-से-एक काटनेवाली बातें आँखें मूँद कर बोले जा रहा था। कमरे में जैसे एक जान आ गई।

पावेल की फिर पुकार हुई। पावेल ने खड़े होकर कहा, ''मैं पार्टी का एक सदस्य हूँ। मैं सिर्फ़ अपनी पार्टी का फ़ैसला स्वीकार करता हूँ और किसी के भी फ़ैसले को नहीं। इसलिए अपने साथियों की तरह मैं भी अपनी रक्षा के लिए कुछ भी न कहूँगा। लेकिन मैं उन बातों को ज़रूर यहाँ लाना चाहूँगा, जिसे आप लोग कतई नहीं समझते। हमारे ऊपर यह अभियोग लगाया गया है कि हमने लाल झंडे के साथ जो प्रदर्शन किया, वह सरकार के विरुद्ध विद्रोह था। बार-बार यह भी कहा गया कि हम ज़ार की सरकार को उलट देना चाहते हैं। मैं निवेदन करना चहता हूँ कि हमारे देश को केवल ज़ार ने ही गुलाम नहीं बना रखा है, लेकिन इतना ज़रूर है ज़ारशाही वह पहली चीज़ है, जिससे हम अपने देश को मुक्त करना चाहते हैं।...''

कमरे में गहरा सन्नाटा छा गया। बूढ़ा आदमी अपनी कुर्सी पर बेचैन हो उठा। उसने पावेल को टोका, लेकिन उसकी बात पावेल के धारा-प्रवाह भाषण में डूब गई। पावेल कह रहा था–

''हम सोशलिस्ट हैं। इसका मतलब यह है कि हम व्यक्तिगत सम्पत्ति के विरोधी हैं। व्यक्तिगत सम्पत्ति की संस्था ही हमारे समाज की सब बुराइयों की जड़ है। इसी के कारण लोग आपस में एक-दूसरे के शत्रु बनते हैं, क्योंकि सबको अपने-अपने हित की चिन्ता रहती है। इसी के कारण हमारे समाज में झूठ, फरेब, भ्रष्टाचार और सारा पाखंड

है। हम इस संस्था को समाप्त करना चाहते हैं। हमारा नारा है, 'व्यक्तिगत सम्पत्ति को खतम करो', 'उत्पादन के सारे साधनों पर जनता का अधिकार हो', 'शासन की बागडोर जनता के प्रतिनिधियों के हाथ में हो,' 'सबको काम मिले'...इन नारों से क्या यह बात साफ़ नहीं होती कि हम केवल विद्रोही नहीं हैं ?''

''हम तुमसे सिर्फ़ मुकदमे के बारे में सुनना चाहते हैं !'' बूढ़े आदमी ने पावेल की ओर घूरते हुए कहा।

पावेल ने अपना हाथ हवा में लहराकर कहा, ''हम क्रान्तिकारी हैं। और उस समय तक हम अपना काम जारी रखेंगे जब तक मालिक और नौकर का भेद नहीं मिट जाता। हम उस शासन के विरोधी हैं, जिसके हितों की रक्षा करने आप इस कुर्सी पर बैठे हैं। आपकी सरकार और हमारे बीच कभी भी समझौता नहीं हो सकता। हम आपकी सरकार से लड़ेंगे और उस समय तक लड़ते रहेंगे, जब तक कि हमारी विजय नहीं हो जाती और मज़दूरों की विजय निश्चित है। आपके मालिक इतने शक्तिशाली नहीं हैं, जितना वे अपने को समझते हैं। हम उनकी शक्ति का राज़ समझ गए हैं। हम जान गए हैं कि उन्होंने हम लोगों को ही लूटकर अपना किला खड़ा किया है। हम जान जान गए हैं कि जिस दिन हम लोग उनके लिए काम करना बन्द कर देंगे, उसी दिन उनका किला ढह जाएगा। लोग अब सच्चाई को समझने लगे हैं। आप उन्हें अपनी पुलिस और सेना से नहीं डरा सकते। आपको मालूम नहीं कि आपकी पुलिस और सेना में भी हमारे ही भाई-बन्धु हैं। वे निश्चय ही अपनी बन्दूकों की नलियों को एक दिन आप लोगों की ओर घुमा देंगे। हमारी विजय निश्चित है !''

ये कहकर पावेल बैठ गया। नाखोद्का ने उसका हाथ पकड़कर जोर से दबाया। पावेल ने माँ की ओर देखकर सिर हिलाया। माँ का चेहरा ख़ुशी से चमक उठा।

सिम्मोव फुसफुसाया, ''अब असली मुकदमा शुरू हुआ !''

एक-एक कर सभी कैदियों को बोलने का अवसर दिया गया। लेकिन उनमें से एक को भी बोलने न दिया गया। पावेल की बातों से बूढ़ा आदमी बौखला गया था। वह अब और किसी को भी पावेल की

तरह बोलने की इजाज़त न दे सकता था। उसने चिड़-चिड़ाकर सभी उपस्थित लोगों को हैरानी में डाल दिया।

अचानक वह अपनी कुर्सी से उठा और दरवाज़े से अदृश्य हो गया तो कमरे में फुसफसाहट उठी, "फ़ैसला !"

कैदियों के सम्बन्धी जँगले के पास चले गए। औरतें रोने लगीं। माँ भी अपने बेटे का हाथ पकड़े रो रही थी। पावेल उसे सान्त्वना दे रहा था। माँ को उसकी सान्त्वना की ज़रूरत न थी। वह बार-बार यही कह रही थी कि तुम अपनी तन्दुरुस्ती का ख़्याल रखना। नाखोद्का हमेशा की तरह अपने रंग में था। उसने मज़ाकों से माँ को आख़िर हँसाकर छोड़ा। बोला, "आदमी को हर हालत में हँसते रहना चाहिए।"

"जज आ रहे हैं !" ऐलान हुआ तो सब अपनी-अपनी जगह जा बैठे और कमरे में फिर शान्ति छा गई।

बूढ़ा आदमी अपने हाथ में एक कागज़ लिये हुए मेज़ पर झुका।

"वह अब फ़ैसला सुनाएगा," सिम्मोव ने कहा।

सब लोग जज के साथ ही उठ खड़े हुए और उसकी ओर टकटकी लगाकर देखने लगे।

बूढ़े आदमी ने कागज़ से पढ़ा, "सब मुलज़िमों को देश-निष्कासन की सज़ा और कड़ी मेहनत..."

औरतें फिर रोने लगीं।

"देश-निष्कासन !" सिम्मोव ने राहत की साँस लेकर कहा, "कड़ी मेहनत, वह कुछ नहीं।"

सिसककती हुई माँ बोली, "यह मुझे पहले ही मालूम था।"

26

कचहरी से लोग बाहर निकले तो रात हो गई थी। बाहर सहन में भीड़ लगी हुई थी। सभी लोग सज़ा के बारे में जानने को उत्सुक थे।

कई लड़कियों ने माँ को घेर लिया। एक बोली, "माँ, ज़रा अपना हाथ हमें दो।"

कुछ न समझकर माँ ने हाथ बढ़ाया तो सब लड़कियाँ बारी-बारी से उससे हाथ मिलाने लगीं। एक लड़की बोली, ''माँ, तुम्हारे बेटे ने युवकों के लिए एक उदाहरण प्रस्तुत किया है !''

''रूसी मज़दूर ज़िन्दाबाद !'' किसी ओर से किसी ने नारा दिया।

और भीड़ में एक शोर मच गया। चारों ओर से लोगों ने आकर माँ और सिम्मोव को घेर लिया। सिम्मोव हँस रहा था और माँ को यह सब एक सुन्दर सपने की तरह लग रहा था। उसका गला भर आया और आँखों में ख़ुशी के आँसू तैर उठे।

किसी ने चिल्लाकर कहा, ''साथियो ! आज उन राक्षसों ने हमारे कई साथियों को अपने ख़ूनी जबड़ों में दबोच लिया !''

उसी समय सशा वहाँ प्रकट हुई और वह माँ का हाथ पकड़कर उसे सड़क की ओर ले गई। सिपाहियों की सीटियों की आवाज़ें आने लगीं।

''माँ, तुम जल्दी यहाँ से निकल जाओ,'' सशा ने कहा, ''पुलिस आ गई है, यहाँ लड़ाई हो सकती है।...वह कैसा बोला ?''

''बहुत अच्छा !'' माँ बोली, ''काश, तुम सुनती !''

''मैं जानती हूँ,'' सशा ने कहा, ''वह उन सबमें सरल और मज़बूत है। उसका दिल कोमल है, लेकिन वह उसके साथ बड़ी सख़्ती से पेश आता है।''

''तुम उनके पास कब जाओगी ?'' माँ ने पूछा।

''यहाँ मेरा काम सँभालनेवाला कोई आ जाए तो मैं भी जाऊँगी,'' सशा ने कहा, ''मैं भी सज़ा का इन्तज़ार कर रही हूँ। वे मुझे भी यही सज़ा देंगे, मुझे मालूम है।''

वे घर पहुँची ही थीं कि इवानोविच ने कहीं बाहर से आकर कहा– ''सशा, तुम तुरन्त निकल जाओ, दो खुफिया मेरे पीछे सुबह से ही लगे हैं। मुझे लगता है कि वे मुझे गिरफ़्तार करना चाहते हैं।...''

यह पावेल का भाषण है, इसे हमें तुरन्त छापकर बाँट देना है। इसे तुम छापेखाने भिजवाने का इन्तज़ाम करो। माँ, पावेल ने बहुत अच्छा भाषण दिया !''

काग़ज़ लेकर सशा जाने लगी तो उसे रोककर इवानोविच मेज़ की दराज़ों से काग़ज़ निकालकर फाड़ने लगा।

"माँ आज रात को तुम्हें यहाँ नहीं रहना है। ख़तरा है कि शायद वे तुम्हें भी गिरफ़्तार कर लें। तुम पावेल का भाषण बाँटने जाओगी।"

"वे मुझे क्यों गिरफ्तार करेंगे ?" माँ ने पूछा।

"यह तो वे ही जानें," इवानोविच ने कहा, "लेकिन मुझे उनके इरादों को सूँघने में देर नहीं लगती। तुम्हें यह देखने के लिए यहाँ नहीं रुकना है कि वे किसी को क्यों गिरफ़्तार करते हैं। तुम्हारे लिए छापेखाने में काम का इन्तज़ाम हो चुका है।"

"ऐसा है तो मैं ज़रूर चली जाऊँगी," माँ ने कहा, "लेकिन अब मैं किसी बात से भी नहीं डरती।"

"ठीक है। तब तुम ज़रा वह सूटकेस और कपड़े तो लाओ।"

माँ दूसरे कमरे में चली गई तो इवानोविच ने सशा से कहा, "तुम इन काग़ज़ों को जल्दी जला दो। तुम्हें माँ को भी अपने साथ ही ले जाना है। इसे भी छापेखाने भिजवा देना।"

माँ सूटकेस और कपड़े लेकर आई तो इवानोविच ने कहा, "माँ तुम सशा के साथ ही चली जाओ। एक से दो बेहतर होते हैं। अपने लिए ज़रूरी सामान ले लो।"

माँ के लिए इवानोविच को छोड़ना अच्छा न लग रहा था। फिर भी वह अपना सामान लेकर तैयार हो गई।

"विदा, माँ, विदा सशा, तीन-चार महीने के लिए," इवानोविच कहा, "तुम लोग अपना ख़्याल रखना। नमस्ते !" कहकर वह माँ से लिपट गया और हँसकर बोला, "माँ मुझे तो लगता है कि मैं तुम्हें प्यार करने लगा था।"

माँ की आँखें भर आईं, लेकिन उसने बरबस अपने आँसुओं को रोक लिया।

"वहाँ छापेखाने में एक लड़का है," इवानोविच ने कहा, "उसे सुबह यहाँ भेजकर पता लगा लेना। अच्छा, अब नमस्ते, साथियो !"

वे सड़क पर आ गईं तो सशा बोली, "इवानोविच को फाँसी की भी सज़ा मिलेगी तो वह अपने साथियों से इसी तरह विदा होगा और फाँसी की रस्सी को देखकर अपना चश्मा ठीक करके कहेगा, "वाह !"

"ओह, मैं उसे कितना चाहती हूँ।" माँ ने ठंडी साँस लेकर कहा।

“माँ,” सामने देखते हुए सशा ने बिना होंठ हिलाए कहा, “मालूम होता है, वे हमारा पीछा कर रहे हैं।”

“यह तो होना ही था,” माँ ने कहा।

“तो सुनो !” सशा ने वैसे ही कहा, “तुम किसी ओर मुड़ जाओ। मौक़ा निकालकर मेरी जगह पर आ जाना। नमस्ते।”

27

माँ का स्वागत वहाँ एक औरत ने किया। वह काले कपड़े पहने हुए थी। वह तुरन्त माँ को चूल्हे के पास ले गई। माँ को उस कमरे में छापाई का कोई समान दिखाई नहीं दिया। इस कमरे की तीन खिड़कियाँ सड़क की ओर खुलती थीं। एक दीवार से लगकर किताबों की एक अलमारी थी। एक ओर तख़्त लगा था और बीच में एक मेज़ और कुछ कुर्सियाँ थीं। एक कोने में हाथ धोने का बर्तन था और दूसरे कोने में चूल्हा था।

“मैं काम के लिए भेजी गई हूँ,” माँ ने कहा।

“मुझे मालूम है,” औरत ने कहा, “यहाँ कोई मुझसे मिलने नहीं आता। मेरा नाम लुदमिल्ला है। अब बोलो !”

माँ ने पावेल के भाषणवाला काग़ज़ निकाल कर उसकी ओर बढ़ाते हुए कहा, “इसे जल्दी छापना है।” फिर उसने इवानोविच की सम्भावित गिरफ़्तारी के बारे में बता दिया।

लुदमिल्ला काग़ज़ अपनी पेटी में घुसेड़कर बैठ गई। उसकी आँखों में जैसे आग जल उठी। वह बोली, “वे मुझे गिरफ़्तार करने आएँगे तो मैं उन्हें गोली मार दूँगी ! मुझे अपनी रक्षा करने का पूरा अधिकार है !”

माँ ने उसकी ओर प्रशंसापूर्ण नेत्रों से देखा। वह काग़ज़ निकालकर तेज़ी से पढ़ने लगी। पढ़कर बोली, “पावेल ने बहुत बढ़िया भाषण दिया। माँ मैं तुम्हारे लड़के के बारे में कुछ नहीं कहना चाहती। मैं उससे कभी भी नहीं मिली हूँ। लेकिन जब किसी प्रिय को देश-निष्कासन की सज़ा होती है, तो मैं समझ सकती हूँ कि उसे

कितनी पीड़ा होती है। नहीं ?"

"नहीं !" माँ ने दृढ़ स्वर में कहा।

लुदमिल्ला मुस्कुराई और सहसा माँ की पीठ थपथपाकर बोली, "मैं तुरन्त काम शुरू कर रही हूँ। तुम लेट जाओ। तुम बेहद थक गई होगी। मैं सोऊँगी नहीं। रात को ज़रूरत पड़ेगी तो तुम्हें जगाऊँगी।"

उसने चूल्हे में लकड़ी डाली। फिर तुरन्त बगल के एक छोटे दरवाज़े को खोलकर अन्दर चली गई और पीछे से दरवाज़े को कसकर बन्द कर दिया।

माँ को पहले नींद न आ रही थी। उसे बार-बार कचहरी की बातें याद आ रही थीं और पावेल का चेहरा दिखाई देता था। लेकिन धीरे-धीरे आप ही नींद ने आकर उसकी पलकों को ढँक दिया।

जब उसकी आँखें खुलीं तो सुबह की सफ़ेद रोशनी कमरे में फैली थी। लुदमिल्ला मेज़ के पास कुर्सी पर बैठी कोई किताब पढ़ रही थी।

"मैं बहुत देर से जगी हूँ क्या ?" माँ ने थोड़ा परेशान होकर पूछा।

"दस बज रहे हैं, उठो चाय पी जाए," लुदमिल्ला ने कहा।

"तुमने मुझे पहले क्यों न जगाया ?"

"मैं जगाने तो आई थी, लेकिन तुम ऐसी गहरी नींद सो रही थी कि मैंने जगाना ठीक न समझा।"

"तुम जाने रात में सोई कि नहीं, लेकिन सुबह बिलकुल तरो-ताज़ा बैठी किताब पढ़ रही हो, तुम्हें देखकर मुझे आश्चर्य होता है।"

"तुम्हारी ज़िन्दगी तो मेरी ज़िन्दगी से कठिन है..."

"नहीं। कठिन है, लेकिन कठिन महसूस नहीं होती। दरअसल अपनी ज़िन्दगी के बारे में सोचने का समय ही कहाँ मिलता है ? एक काम खत्म नहीं होता कि दूसरा काम शुरू हो जाता है। एक घटना घटने के बाद तुरन्त दूसरी घटना घट जाती है। ऐसे ही दिन कटते जा रहे हैं और लगता है कि रोज़ हम अपनी मंज़िल की ओर एक क़दम आगे बढ़ जाते हैं। लेकिन लोगों को तकलीफ़ उठाते और सज़ा पाते देखकर ज़रूर बड़ा दुख होता है।"

"यह तो दूसरों के लिए हुआ..."

"तुम किसे दूसरा कहती हो ? तुम किसी को भी अपने से अलग

कैसे समझ सकती हो, जब कि तुम सबको प्यार करती हो और सबके लिए चिन्तित रहती हो ? सब तो तुम्हारे दिल में बराबर भीड़ लगाए रहते हैं। भला तुम अपने को उनसे कैसे अलग कर सकती हो ?"

माँ बिस्तर से उठ खड़ी हुई। उसे लग रहा था कि अब वह पहले की औरत न रही, जिसे हरदम अपने बेटे की ही चिन्ता लगी रहती थी। यह ख़्याल आना था कि उसने अचानक अपने को बड़ा हल्का महसूस किया और उसे लगा कि उसके अन्दर एक नई तरह की शक्ति पैदा हो गई है, जो किसी भी दुख को झेल सकती है।

"क्या सोच रही हो ?" लुदमिल्ला ने पूछा।

"पता नहीं," माँ ने मुस्कुराकर कहा।

"जल्दी मुँह-हाथ धो लो," मैं चाय बनाती हूँ।

माँ हाथ-मुँह धो रही थी। उसके मन में एक प्रकाश भरा हुआ था। वह ख़ुश-ख़ुश सबसे सब चीजों के बारे में बहुत-सारी बातें करना चाहती थी। उसके जी में जाने कितने दिनों बाद आज प्रार्थना करने की बात भी उठी। उसे लगा कि चारों ओर से जवान लड़के उसे पुकार रहे हैं, "माँ ! माँ !" उसे सशा की कोमल-कोमल आँखें दिखाई दीं, राइबिन का काला शरीर दिखाई दिया, पावेल का ताँबे के रंग का चेहरा दिखाई दिया, इवानोविच की चेतनापूर्ण नज़रें दिखाई दीं और फिर सबने मिलकर जैसे एक इन्द्रधनुष का रूप धारण कर लिया और उसे अपने में लपेट लिया।

रसोई से निकलकर लुदमिल्ला ने कहा, "इवानोविच ने ठीक ही कहा था। उन्होंने उसे गिरफ़्तार कर लिया। मैंने लड़के को सुबह ही भेजा था, वह अभी ख़बर लेकर आया है।

"ओह !" माँ के मुँह से निकल गया।

"इधर वह मज़दूरों के बीच बड़े ज़ोरों से काम कर रहा था," लुदमिल्ला ने शान्त स्वर में बताया, "साथियों ने उसे कहीं चले जाने के लिए कहा, तो वह इन्कार कर गया। मेरा ख़्याल है ऐसी स्थिति में साथियों को ज़बर्दस्ती भगा देना चाहिए, उन्हें राय नहीं देनी चाहिए।"

"मैं चाय लाऊँ ?" एक लड़के ने कमरे में आकर पूछा।

"यही हमारा लड़का है," लुदमिल्ला ने माँ को बताया, फिर लड़के

से कहा, "हाँ, लाओ।"

लड़का चाय लेकर आया तो लुदमिल्ला लड़के से बोली, "सर्गेई, यह पेलागिया है, पावेल की माँ।"

लड़के ने सिर झुकाकर माँ से हाथ मिलाया और चुपचाप रसोई में जाकर पावरोटी लाया और उनके साथ मेज़ पर बैठ गया।

चाय पीते हुए माँ ने कहा, "मैं जाऊँगी।"

"नहीं। सर्गेई ने बताया है कि अभी इवानोविच के घर पर सिपाही और खुफिया खड़े हैं। पता नहीं, वे अब किसको खोज रहे हैं। हो सकता है कि सवालखानी के लिए उन्हें तुम्हारी ही तलाश हो।"

"कोई बात नहीं, वे चाहें तो मुझे भी गिरफ़्तार कर लें। इससे कोई बड़ा नुकसान न होगा। लेकिन इससे पहले पावेल के भाषणवाले परचे बँट जाने चाहिए।"

"कम्पोजिंग का काम मैंने रात पूरा कर दिया," लुदमिल्ला ने बताया "कल सुबह उसकी बहुत-सारी प्रतियाँ छप जाएँगी। तुम नताशा को जानती हो ?"

"बेशक !"

"तुम्हें उसके पास ही परचे पहुँचाने होंगे।"

तभी दरवाज़े से खटखटाने की आवाज़ आई।

सर्गेई ने लुदमिल्ला की ओर देखा।

"दरवाज़ा खोल दो सर्गेई, यह कौन हो सकता है ?" उसने जेबों में हाथ डालकर बड़ी शान्ति से कहा, "रुको ज़रा," फिर माँ से कहा, "वे अगर सिपाही हों तो तुम उस कोने में जा खड़ी होना और," वह सर्गेई की ओर मुड़ी, "तुम..."

"मुझे मालूम है," सर्गेई ने बता दिया।

"फिर जाओ, दरवाजे खोल दो।"

माँ मुस्कुराई। अब वह किसी बात से नहीं घबराती।

लेकिन यह तो डॉक्टर था, जो अन्दर आया।

"सबसे पहले," वह जल्दी में बोला, "मैं यह बताना चाहता हूँ कि इवानोविच गिरफ़्तार हो गया ! ओह, माँ तुम यहाँ हो ? गिरफ़्तारी के समय तुम वहाँ नहीं थीं ?"

"इवानोविच ने पहले ही मुझे यहाँ भेज दिया था।"

"दूसरी बात यह," डॉक्टर उसी जल्दी में बोला, "पिछली रात कुछ लड़कों ने पावेल के भाषण की पाँच सौ प्रतियाँ सायक्लोस्टायल की हैं। वे आज रात उन्हें शहर में बाँटना चाहते हैं। लेकिन मैं यह चाहता हूँ कि शहर में छपी हुई प्रतियाँ ही बाँटी जाएँ, और इन प्रतियों को दूसरी जगह भेज दिया जाए।"

"उन्हें आप मुझे दे दें," माँ ने उत्सुक होकर कहा, "मैं उन्हें नताशा के पास ले जाऊँगी।"

वह पावेल के भाषण को जितनी जल्दी हो प्रसारित करने को चिन्तित थी, वह अपने बेटे के शब्दों को सारी दुनिया में बिखेर देना चाहती थी।

घड़ी देखते हुए डॉक्टर ने कहा, "इस समय तो कुछ भी करना असम्भव लगता है। इस समय ग्यारह बजकर तैंतालीस मिनट हुए हैं। दो बजकर पाँच मिनट पर तुम्हारी गाड़ी है। तुम वहाँ पाँच बजकर पन्द्रह मिनट पर पहुँचोगी। यह शाम का वक़्त होगा लेकिन अभी अँधेरा न होगा, एक यही बात नहीं है..."

"फिर क्या बात है ?" माँ ने डॉक्टर के पास जाकर कहा, "मैं अपना काम ठीक तरह कर लूँगी" लुदमिल्ला ने ग़ौर से माँ को देखा, फिर कहा, "बात यह है कि तुम्हारे लिए यह बड़े जोखिम का काम है।"

"क्यों ?" माँ ने ज़िद करके पूछा।

"इस तरह," डॉक्टर ने बताया, "इवानोविच की गिरफ़्तारी के एक घंटे पहले ही तुमने उसका घर छोड़ा था। अब तुम कारख़ाने में नताशा के पास जाती हो, जहाँ तुम उसकी चाची की तरह जानी जाती हो। जैसे ही तुम वहाँ जाती हो उसके थोड़ी देर बाद वहाँ ग़ैर-क़ानूनी परचे दिखाई देते हैं। यह सब तुम्हारी गर्दन में फाँसी लगाने के लिए काफ़ी हैं।"

"नहीं, वहाँ मुझे कोई भी नहीं देख पाएगा," माँ ने फिर भी ज़िद की, "और अगर मेरे वापस पास आने के बाद मुझे गिरफ़्तार करते हैं और मुझसे पूछते हैं कि तुम कहाँ थी तो मैं इसका जवाब दे लूँगी...

जैसे यह कि कचहरी से मैं सीधे सिम्मोव के साथ बस्ती चली गई थी।''

''हूँ !'' डॉक्टर ने बड़ी अनिच्छा से कहा, ''तुम नहीं मानतीं तो फिर जाओ।''

''तुम लोग मेरे बारे में इतने चिन्तित हो,'' माँ ने तब मुस्कुराकर कहा, ''इतनी चिन्ता तुम लोग अपने बारे में क्यों नहीं करते ?''

''ऐसा नहीं है,'' डॉक्टर ने कहा, ''हमें अपनी भी चिन्ता करनी ही पड़ती है। लेकिन हमें उनके साथ ज़रूर कड़ाई का व्यवहार करना पड़ता है, जो यों ही अपनी शक्ति बर्बाद करना चाहते हैं। ख़ैर, तुम्हें परचे स्टेशन पर मिल जाएँगे।'' और उसने बता दिया कि कैसे मिलेंगे।

डॉक्टर चला गया, तो लुदमिल्ला ने माँ का हाथ पकड़कर कहा, ''मैं समझती हूँ, समझती हूँ !...माँ और बेटा अगल-बगल...कैसा अद्‌भुत है यह, माँ !''

''हाँ...और तुम सब...इवानोविच...डॉक्टर...तुम...यह लड़का...सब जो इस समाज को ग़रीबों के लिए, मज़दूरों के लिए, किसानों के लिए बदलना चाहते हैं, सब अगल-बगल चल रहे हैं। सबके दिलों में आज एक ही आग जल रही है...मैं...मैं समझती हूँ...मैं पढ़ नहीं सकती लेकिन सब समझती हूँ...''

''हाँ-हाँ,'' लुदमिल्ला फुसफुसाई, ''तुम ठीक समझती हो बिल्कुल ठीक !''

''मैं देख रही हूँ, मेरे बच्चे आगे बढ़ रहे हैं...सारी दुनिया में आगे बढ़ रहे हैं...चारों ओर से एक मंज़िल की ओर बढ़ रहे हैं...मनुष्यों के दुखों को दूर करने के लिए, मनुष्यों के दुर्भाग्य को खत्म करने के लिए...''

''बिल्कुल ठीक, बिल्कुल ठीक !'' लुदमिल्ला ने घड़ी देखते हुए कहा, ''अब तुम्हें जल्दी ही चल देना चाहिए। तुम्हें बहुत दूर जाना है।''

''ओह ! मैं आज कितनी ख़ुश हूँ ! मैं अपने बेटे के शब्दों को, अपने ही मांस और ख़ून के शब्दों को, अपनी ही आत्मा के शब्दों को लेकर जा रही हूँ !'' वह लुदमिल्ला के गले से लिपट गई।

28

सड़क पर बड़ी ठंडक थी। लेकिन माँ के दिल में बड़ी गर्मी थी। वह चल रही थी, बस इतना ही जानती थी, और कुछ नहीं।

गाड़ी के समय से पहले ही वह स्टेशन पहुँच गई। तीसरे दरजे का गन्दा मुसाफ़िरखाना लोगों से भरा हुआ था। वहाँ कितने ही भिखारी और कुली-कबाड़ी आग के पास बैठकर ठंड से बचने की कोशिश कर रहे थे। माँ फाटक के पास एक बेंच पर बैठकर इन्तज़ार करने लगी।

चमड़े का एक सूटकेस लटकाए हुए एक युवक ने माँ के पास आकर पूछा, ''कहाँ जाना है ?''

माँ ने उसकी ओर देखकर कहा, ''मास्को।''

''ठीक है,'' उस युवक ने कहा, ''ज़रा मेरा यह सूटकेस देखती रहें। मैं अभी आता हूँ।'' कहकर, उसने जेब से निकालकर एक सिगरेट जलाया और फाटक के अन्दर जा ग़ायब हो गया।

सूटकेस पर अपनी कुहनी रख माँ अपने चारों ओर देखने लगी। थोड़ी देर बाद वह उठकर प्लेटफॉर्म के फाटक के पास जा बैठी। सूटकेस हल्का ही था।

अचानक एक छोटा कोट और उल्टी कालर की कमीज़ पहने एक युवक उसके पास आ खड़ा हुआ। उसने माँ को एक नज़र देखा, फिर दो क़दम बगल में जा वह सिर पर हाथ फेरता खड़ा हो गया। माँ को वह कुछ परिचित-सा लगा। उसने उसे ग़ौर से देखने के लिए सिर उठाया तो पाया कि वह उसी पर अपनी पीली आँखें गड़ाए हुए था। उसकी वह नज़र जैसे माँ को छुरे की धार की तरह लगी। उसे याद आया कि उसने उसे कचहरी में देखा था। उसे अब कोई सन्देह न रहा कि यह कोई खुफिया है।

माँ का दिल धड़क उठा। उसे लगा कि अब वह पकड़ ली जाएगी। तरह-तरह के विवाद उसके मन में उछल-कूद मचाने लगे। क्या सूटकेस वहीं छोड़कर मैं किसी ओर निकल जाऊँ ? नहीं, उसने सिर हिलाया, अपने बेटे के शब्दों को इन कमीनों के हाथों में छोड़कर मैं नहीं जा सकती। तो फिर ? सूटकेस को लिये हुए मैं किसी ओर भाग निकलूँ ?

...लेकिन ऐसा करना भी उसे ठीक न लगा। अचानक उसे लगा कि इसमें डरने की क्या ज़रूरत है ? क्या हम में से कोई भी कभी डरता है ? और राइबिन का चेहरा उसकी आँखों के सामने नाच उठा।

वहाँ से जाते हुए स्टेशन के एक चौकीदार को रोककर खुफिया ने उसके कान में कुछ कहा।

चौकीदार माँ के सामने आकर बोला, ''इस तरह क्या देख रही हो ?''

''कुछ नहीं,'' माँ ने कहा।

''कुछ नहीं ? चोट्टिन ! इस उम्र में तू चोरी करती है ?''

उसके शब्द जैसे माँ को अपने मुँह पर घूँसों की तरह लगे।

''क्या बकते हो ?'' माँ ज़ोर से चिल्ला उठी, ''देखो, देखो लोगो !'' और वह सूटकेस खोलकर, परचे निकालकर हवा में उड़ाने लगी।

''क्या हुआ ?...क्या हुआ ? कई लोग उसकी ओर दौड़ते हुए चिल्लाए।

''वह खुफिया है। कहता है, मैं चोर हूँ...''

''यह नहीं हो सकता, ऐसी इज्ज़तदार औरत को चोर कौन कहता है ?'' फिर कई लोगों की आवाज़ें आईं।

अपने चारों ओर लोगों की भीड़ इकट्ठी हुई देखकर माँ चिल्लाई, ''कल राजनीतिक कैदियों पर मुकदमा चला था। उनमें मेरा बेटा पावेल भी था। उसने जज के सामने एक भाषण दिया–यह है उसका भाषण ! लो लोगो ! इसे तुम पढ़कर ख़ुद देखो कि चोर कौन है ?'' और उसने पर्चों को भीड़ में लुटा दिया।

माँ ने देखा, लोग पर्चे उठा-उठाकर अपने कोट की जेब में ठूँस रहे थे। यह देखकर माँ का साहस बढ़ा और वह बड़े जोश से बोलने लगी–

''तुम लोगों को मालूम है कि उन्होंने मेरे बेटे और कई जवानों को क्यों देश-निकाले की सज़ा दी ? मैं कहती हूँ, मैं एक माँ हूँ और मेरे बाल यों ही सफ़ेद नहीं हुए हैं। मेरी बात सुनो, ऐ लोगो ! उन्होंने उन्हें यह सज़ा इसलिए दी, क्योंकि वे ग़रीबों की भलाई चाहते थे। ग़रीबी, भूख, बेकारी और बीमारी, इनके सिवा ग़रीबों को अपनी हाड़तोड़ मेहनत का और क्या इनाम मिलता है ? और हमारे मालिक लोग क्या करते हैं ? कुछ नहीं। वे सिर्फ़ हमारी मेहनत की कमाई पर गुलछर्रे उड़ाते हैं।''

''बिल्कुल सही है !'' भीड़ से किसी ने कहा।

माँ ने भीड़ के पीछे उस खुफिया और दो सिपाहियों को देखकर बाक़ी पर्चे जल्दी-जल्दी बाँट दिए।

''भागो, भागो यहाँ से !'' सिपाहियों की आवाज़ें सुनाई पड़ीं। वे माँ की ओर बढ़ने लगे तो भीड़ के लोगों ने उन्हें दबाना शुरू कर दिया।

लोग सफ़ेद बालोंवाली माँ के प्रति सहानुभूति से भर उठे थे।

"चलो इधर, बूढ़ी औरत।" एक सिपाही चिल्लाया।

लेकिन माँ अपनी जगह पर डटी रही और अपनी बात कहती रही।

"कितना साहस है इस माँ में !" भीड़ में से किसी ने कहा।

"भीड़ हटाओ ! भीड़ हटाओ !" सिपाही चिल्ला रहे थे और माँ के पास पहुँचने की कोशिश कर रहे थे।

लेकिन भीड़ छँट न रही थी। माँ के आस-पास के लोगों ने एक-दूसरे का हाथ पकड़कर उसे अपने घेरे में ले लिया। माँ बोलती जा रही थी और लोग जोश में एक होकर उसकी बात सुनने को उद्धत थे।

"मेरे बेटे के शब्द एक ईमानदार मज़दूर के शब्द हैं, जो दुनिया के सब मज़दूरों को अपना भाई मानता है और उन्हीं की भलाई के लिए अपनी जान भी कुर्बान करने को तैयार है !..."

भीड़ के सिरों पर सिपाहियों की संगीनें चमक उठीं। वे लोगों को पीट रहे थे, भागने को कह रहे थे, उनके सिरों की टोपियों को छीन-छीन कर फेंक रहे थे और उनके कालरों को पकड़-पकड़कर खींच रहे थे। माँ को जैसे अब सामने अन्धकार के सिवा कुछ दिखाई न दे रहा था, फिर भी वह अपने प्राणों का जोर लगाकर बोले जा रही थी–

"एकता स्थापित करो, लोगो, अपने में एकता स्थापित करो। फिर देखो। तुम्हारे अन्दर कितनी शक्ति छिपी हुई पड़ी है !"

एक सिपाही ने लपककर माँ का कालर पकड़ लिया और चिल्लाया, "जबान बन्द करो !"

माँ का सिर दीवार से जा टकराया। एक क्षण के लिए उसका दिमाग़ झनझना गया। लेकिन दूसरे ही क्षण वह बोल रही थी–

"तुम किसी बात से मत डरो लोगो ! तुम्हारी ज़िन्दगी से बढ़कर तल्ख़ चीज़ इस दुनिया में और कोई नहीं है !"

...अपनी जबान बन्द करो !" एक सिपाही ने माँ का हाथ पकड़कर उसे झकझोरते हुए कहा।

माँ का दूसरा हाथ एक-दूसरे सिपाही ने पकड़ लिया और वे उसे घसीटकर ले जाने लगे। माँ चिल्लाकर फिर भी बोले जा रही थी–

"यह तल्ख़ी रात-दिन तुम्हारे दिल का खून पीती है और तुम्हारे

कलेजे को छलनी बनाती है...''

एक सिपाही ने माँ के मुँह पर एक घूँसा मारा। माँ का जबड़ा ऐंठकर रह गया। लेकिन दूसरे क्षण फिर वह सँभलकर बोलने लगी–

''तुम मेरी अपनी आवाज़ को नहीं दबा सकते। तुम मेरी आत्मा को नहीं कुचल सकते !...''

एक सिपाही ने माँ के सीने में घूँसा मारा। माँ चोट से दुहरी हो गई। उसे लगा कि वह बेहोश हो जाएगी। उसका मुँह ख़ून से भर गया। उसकी आँखों के सामने तारे छिटक उठे। उसके कानों में ये आवाज़ें आ रही थीं–

''शर्म करो सिपाहियों के बच्चो, शर्म करो !''

''उसे अगर तुम लोगों ने फिर मारा तो...''

''लोगो ! तुम्हारे सामने ही इस बूढ़ी माँ को...''

''मारो ! मारो, इन सबको !''

''ये सब विद्रोही हैं...''

सिपाही माँ की गर्दन में हाथ डालकर उसे ढकेल रहे थे। उसकी पीठ पर, उसके पेट में घूँसे मार रहे थे, बूटों से ठोकरें लगा रहे थे। सीटी की आवाज़ें जैसे पागलों की तरह चीख रही थीं। शोर कानों को बहरा कर रहा था...माँ बेहोश होकर गिर पड़ी।

●●●